Dietrich Becker

Die Kirche und die Naturforschung

Dietrich Becker

Die Kirche und die Naturforschung

ISBN/EAN: 9783743463998

Hergestellt in Europa, USA, Kanada, Australien, Japan

Cover: Foto ©Lupo / pixelio.de

Manufactured and distributed by brebook publishing software (www.brebook.com)

Dietrich Becker

Die Kirche und die Naturforschung

Die Kirche und die Naturforschung.

Von

Dr. Dietrich Becker,
bischöfl. geistl. Rath und Director des Convicts in Speyer.

Mainz,
Verlag von Franz Kirchheim.
1865.

Sr. Hochwürden

dem Herrn geistlichen Rath und Domcapitular

Dr. Wilhelm Molitor,

seinem hochverehrten, theuren Freunde,

widmet diese Schrift

der Verfasser.

Vorwort.

Die Schrift, welche ich hiemit dem größeren Publicum übergebe, ist aus Vorträgen entstanden, die ich theils im Frankfurter Hofe zu Mainz, theils vor meinen Zuhörern am hiesigen Lyceum gehalten habe. Nicht ohne einige Bedenklichkeit gehe ich an deren Veröffentlichung. Ich weiß recht wohl, wie heikel die Fragen sind, welche in derselben zur Besprechung kommen; ich weiß, wie nahe die Gefahr liegt, Ungenügendes oder gar Irrthümliches über dieselben zu sagen. Auch ist mir recht wohl bekannt, wie schwer es ist, unsere heutigen gelehrten Denker auch nur einigermaßen zufrieden zu stellen. Die meisten von ihnen sind wohl selbst mit den hier in Angriff genommenen Fragen beschäftigt, weil dieselben in der Zeit liegen. Viele haben sich gewiß darüber schon ihre Ansichten gebildet und festgesetzt, halten aber damit noch zurück. Wenn nun ein Nachbar die seinigen auszusprechen unternimmt, so ist es leicht möglich, daß er nicht so viel Treffliches und Richtiges über den Gegenstand zu sagen weiß, als manche Andere über denselben bereits wissen, und er steht dann in Gefahr, vergeblich und ohne jeglichen Erfolg gearbeitet zu haben. Ich kann nicht läugnen, daß ich diese und ähnliche Besorgnisse hege. Doch ich denke, wenn nur das Unvollkommene, was ich hier biete, Veranlassung wird, daß Andere uns Besseres bringen, so ist ja auch damit schon ein Nutzen gestiftet.

Speyer, im Mai 1865.

I. Die Fortschritte auf dem Gebiete der Naturwissenschaft. Hoffnungen und Befürchtungen die sich daran knüpfen.

Was unsere Zeit ganz besonders kennzeichnet, ist ihre erstaunliche Kenntniß in Dingen der Natur, und die damit Hand in Hand gehende Ausbeutung der Naturkräfte zum Dienste des Menschen. Mit der Kühnheit eines glücklichen Eroberers bringt die Naturwissenschaft in früher ganz verschlossene Gebiete der Natur ein, und fürchtet kaum mehr auf Hindernisse zu stoßen. Ja, was früher der Wissenschaft unübersteigliche Hindernisse zu bieten schien, scheint ihr jetzt vielmehr ein Lockmittel, auf ihrem Siegessturme immer weiter vorwärts zu bringen.

Je glücklicher aber der Naturforschung bisher selbst ihre kühnsten Unternehmungen gelungen sind, desto höher ist ihr Selbstvertrauen gestiegen. Bereits fängt sie an, alle anderen Wissenschaften neben sich für unebenbürtig zu halten. Selbst gegen die Geheimnisse der Religion wagt sie bedrohlich ihre Blicke zu richten. Sie rühmt sich, daß ihre Forschung auch die Dogmen des Glaubens zu lösen und zu durchdringen oder zu widerlegen vermöge.

Ob solch' dräuendem Gebahren sind nun manche ängstliche Gemüther in Sorge, daß der Religion von dieser Seite her wirklich eine Gefahr erwachsen könne. Wir wissen ja, daß furchtsame Menschen sich schon beunruhigt fühlen, wenn sich nur eine Bedrohung zeigt, auch wenn dieselbe keine Macht zu schaden hat; das bloße Drohen schon erschreckt sie.

Andere dagegen gründeten große Hoffnungen auf dieses kühne Vordringen der Naturforschung. Sie wünschten demselben den besten Erfolg gerade in seinen Unternehmungen gegen den Offenbarungsglauben, weniger aus wissenschaftlichem Interesse, als weil es ihnen erwünscht wäre, wenn die Wissenschaft endlich einmal mit den ihnen lästigen Glaubenssätzen aufräumen und damit auch die unangenehme christliche Sittenlehre beseitigen würde. Weil dies ihnen bequem wäre, darum wünschen sie es, und zollen den Fortschritten der Naturwissenschaft Beifall, obgleich sie sich nicht im Mindesten darüber klar gemacht haben, ob dieselbe auch in der That das leisten könne, was sie wünschen.

Es läßt sich nicht läugnen, daß sowohl diese frevelhaften Erwartungen, als jene feigen Befürchtungen, auch bei dem heutigen Stande der Naturwissenschaft, noch viele Gemüther beherrschen. Dieses könnte aber nicht sein, wenn das in sich genau und klar begränzte Forschungsgebiet der Natur auch klar und bestimmt aufgefaßt würde, und wenn man nicht Dinge in das Gebiet der Naturwissenschaft herabziehen und von naturwissenschaftlichem Standpunkte aus zu lösen suchen würde, über welche die Naturwissenschaft gar keine Auskunft zu geben im Stande ist. Es liegt darum nicht bloß im Interesse der Religion, sondern auch in dem Interesse der Naturwissenschaft selbst, möglichst klar zu bestimmen, wie weit das Forschungsgebiet der Naturwissenschaft reiche und wo es aufhöre, und ob sie den Glaubenswahrheiten, wenn sie auf dem Gebiete bleibt, auf dem sie wirklich etwas weiß, irgend eine Gefahr bringen könne.

Jeder, dem an der ungeschmälerten Ehre des Glaubens liegt, wie Jeder, der sich an dem berechtigten Fortschritte der Wissenschaft freut, hat die Pflicht, das Seinige dazu beizutragen, daß diese Frage möglichst klar werde, und daß man wisse, wo das Gebiet des Glaubens anfange und wo das der Wissenschaft aufhöre, und in welchem Rechtsverhältnisse diese beiden Gebiete zu einander stehen.

Man wird es uns darum hoffentlich nicht verargen,

wenn wir in dem Folgenden dieses zu thun versucht haben. Wir bilden uns nicht ein, eine vollständige Lösung der an sich einfachen, aber durch wissenschaftliche Ueberschreitungen so schwierig gemachten Gränzberichtigung zwischen der Naturwissenschaft und der Offenbarung geben zu können; wir wollen bloß Beiträge zu einer künftigen vollständigen Lösung zu geben versuchen.

II. Das Gebiet und der Gegenstand der Naturwissenschaft.

Die ganze sichtbare und überhaupt sinnlich-wahrnehmbare Welt stellt sich der menschlichen Erkenntniß von selbst als Gegenstand dar, ja sie drängt sich an das Erkennen heran. Die Natur arbeitet mit ihren reichen Mitteln und Kräften überall vor unseren Augen und im hellen Tageslicht; sie macht es uns mit den deutlichsten Zeichen kund, wie sie wirke, und wiederholt das Nämliche tausend Mal, damit wir es desto leichter verstehen und das einmal Verstandene nicht wieder so leicht vergessen sollen. Sie weckt mit Licht und Farbe, mit Ton und Duft die schläfrigen Sinne des Menschen, um sie für das regsame Getriebe ihrer reichen Haushaltung aufmerksam zu erhalten.

Der Mensch soll also die Natur erkennen, sie selbst mahnt ihn dazu, in ihrer den göttlichen Absichten dienenden Einrichtung. Sie zeigt überall, wo wir ihr begegnen, das Bestreben, sich zu enthüllen und in die Erscheinung zu treten. Es ist darum durchaus incorrect, wenn manche Naturforscher von „Geheimnissen der Natur" ganz in demselben Sinne wie von Glaubensgeheimnissen reden. Denn die Glaubensgeheimnisse sind ihrem ganzen Umfange nach unbegreiflich, während die Erscheinungen und Gesetze der Natur wohl manchmal schwer begreiflich, aber durchaus nicht unbegreiflich sind. Von Geheimnissen der Natur kann man darum nur in einem sehr stricten Sinne reden. Man darf jedenfalls die schwierigen, aber immerhin doch lösbaren Fragen der Natur nicht Geheimnisse nennen, wenn man das Wort nicht mißbrauchen will. Denn die schwierigsten Probleme der Naturwissenschaft sind ja eben so wenig bestimmt, geheim und unbegriffen zu bleiben, als die gemeinverständlichen. Es erfordert nur größere Mühe, ein complicirtes Naturgesetz zu expliciren, als ein einfaches; der Explication ist aber jenes eben so wenig unzugänglich als dieses.

Wenn darum ein schwieriges Problem der Naturwissenschaft nach langer Anstrengung endlich gelöst wird, so ist auch durchaus kein Geheimniß erklärt. Denn nichts ist dadurch schon ein Geheimniß, daß es lange Zeit unbegriffen blieb, oder daß es schwer begreiflich ist, sondern einzig nur dadurch, daß es seiner Natur und Wesenheit nach unbegreiflich ist. Jegliches wirkliche Ding und jegliche Kraft, sowie jegliche Ordnung und jegliches Gesetz in der Natur trägt, was es ist, in sich, und theilt es mit in seinen Wirkungen. Das Geheimniß fängt erst jenseits der Gränze an, bis zu welcher die Beobachtung der Naturdinge reicht. Der schöpferische Grund der Dinge, das woraus und warum sie sind und so sind, wie wir sie in Wirklichkeit wahrnehmen, ist allerdings ein Geheimniß für uns, nicht aber ihre Wirklichkeit selbst. Denn diese tritt in die Erscheinung, diese sehen und beobachten, diese erkennen wir, wie sie ist, — nur nicht wie sie wird. Aber dieses Verhältniß hat die neuere Naturwissenschaft häufig umgekehrt. Sie erklärte kühn, sie vermöge den Entstehungsgrund der Dinge zu erklären, der sei kein Geheimniß mehr. Von längst erklärten Gesetzen der bestehenden Naturordnung sprach sie jedoch, bloß weil deren Erklärung schwierig war, wie von Geheimnissen.

Eines der glänzendsten Gesetze, welches die neuere Naturwissenschaft aufgedeckt und bereits bis in seine letzten

Consequenzen verfolgt und berechnet hat, ist das Gravitationsgesetz. Dasselbe wiederholt sich in den Wechselwirkungen der kleinsten Körper und beherrscht in deutlichen Zügen alle Räume der materiellen Welt. Jahrtausende lang machte sich dieses Gesetz den Menschen wahrnehmbar, hoch oben im Umschwunge der Lichtkörper des Himmels und vor unseren Augen hier unten auf Erden. Aber kaum wenigen Geistern ging in so langer Zeit auch nur einigermaßen ein Verständniß für die Bedeutsamkeit dieses großartigen und so deutlich, fast zu sagen handgreiflich wirkenden Naturgesetzes auf. Erst dem Genie des edlen und frommen Newton war es vorbehalten, in einem hellen Momente seines Denkens durch einen günstigen Zufall über dasselbe klar zu werden. Einmal klar über das Gesetz im Allgemeinen, gelang es dem sinnenden Menschengeiste, dasselbe nun auch rasch in allen seinen reichen Beziehungen und Consequenzen aufzuhellen. In kurzer Zeit wurden nun Dinge klar, von denen man vorher gar keine Ahnung gehabt hatte und die sich jetzt alle von selbst verstanden. Kaum ist je ein fruchtbarerer und ergiebigerer Gedanke von der menschlichen Vernunft erfaßt worden, als dieses große und einfache, von Gott in den größten wie in den kleinsten Massen der Körperwelt ausgesprochene und verwirklichte Gesetz der Gravitation.

Aber, fragen wir, wurde damit ein Geheimniß begriffen? Durchaus nicht! Es wurde nur eine offenkundige, von allen Menschen stets wahrgenommene Thatsache, die ihre Erklärung in sich selbst trägt, die jetzt sogar sehr leicht verständlich erscheint, endlich einmal verstanden. Kein Wunder daß sie verstanden worden ist, vielmehr ein Wunder daß dies so spät erst geschah. Das Gesetz von der Geschwindigkeit des Falles und daß diese sich steigert mit der größeren Höhe, von welcher der Gegenstand herabfällt, wirkte immer und als eine alltägliche Erscheinung vor den Augen der Menschen, es war, obgleich man es nicht verstand, doch kein Geheimniß. Und damit, daß jetzt mathematisch genau festgestellt ist, in welchem Verhältnisse mit jeder Sekunde des Falles die Geschwindigkeit des fallenden Gegenstandes sich steigert, ist zwar ein großer Schritt in dem Verständniß offenkundiger Thatsachen vorwärts gethan, aber „ein Geheimniß der Natur ist damit nicht erlaußt," wie viele Naturforscher so gerne sich ausdrücken.

Eine hohe Freude ist es allerdings, eine so nahe liegende, uns täglich berührende, unser eigenes Körperleben beherrschende Thatsache endlich klar zu erkennen, aber eine sehr demüthigende Freude ist es, daß dies erst so spät gelungen ist. Jedenfalls spricht diese Thatsache nicht dafür daß der Mensch die Geheimnisse des göttlichen Geistes zu begreifen fähig sei, da er selbst diese offenkundigsten Dinge und Thatsachen der Natur so schwer begreift.

Ein wo möglich noch großartigeres und schwierigeres Problem als das obige war die Aufstellung einer sicheren und klaren Theorie über das Licht. Das wundervolle Wesen desselben wagte man in früherer Zeit nur durch sinnige, poetische Bilder faßbar zu machen. Die Natur und Bedeutung des Lichtes verdiente jedoch eine eingehendere Untersuchung, ja es forderte dieselbe unabläſſig. Denn bei allen Wahrnehmungen und Beobachtungen, die der Mensch durch den Sinn seines Gesichtes über Dinge der Natur anstellt, drängt sich das Licht zwischen sein Auge und den beobachteten Gegenstand. Es ist das Mittel, durch welches der Mensch sieht und durch welches die Dinge sichtbar werden. Wie die Wissenschaft das Wesen des Geistes, durch den Alles erst erkennbar wird, auch selbst zu erkennen streben mußte, ebenso mußte sie auch das Licht, durch das alles Körperliche erst sichtbar wird, zu verstehen suchen. Die Theorie nun, welche mit Hülfe der vielseitigsten Beobachtungen endlich zu fast allgemeiner Geltung gebracht worden ist, reicht wenigstens für jetzt aus, die Erscheinungen des Lichtes deutlich zu machen.

Hoffentlich wird es dem ausdauernden Forschungsgeiste der Wissenschaft auch gelingen, eine vollkommene Einsicht in die Natur des Lichtes zu gewinnen, denn es ist ja das klarste von allen Wesen der Natur und drängt sich von selbst in unsern edelsten und feinsten Sinn.

Aber wenn auch das ganze strahlende Wesen des Lichtes, wie es sich in alle Weltenräume und in die feinsten Nerven unseres Auges hinein ergießt, vollständig erkannt ist, so ist damit noch kein Schritt in das Schöpfergeheimniß Gottes gethan; es ist auch dann nur eine Thatsache der Natur, welche alle mit gesunden Augen begabten Menschen seit Anbeginn der Welt wahrnehmen, klar verstanden. Die Natur soll aber, soweit sie als eine wirkliche Thatsache des Daseins vor uns steht, und als solche unseren Sinnen und durch sie unserem Denken zugänglich ist, weder ein Geheimniß sein, noch als ein Geheimniß behandelt werden. Ja wir sagen noch mehr:

III. Die allseitigste und gründlichste Kenntniß der Natur liegt in den Absichten Gottes und fördert die Zwecke der Kirche.

Da Gott seine Schöpfungswerke so eingerichtet hat, daß sie unsere sinnliche Wahrnehmung und vernünftige

Erkenntniß nicht fliehen, sondern sich vielmehr an dieselbe herandrängen, so liegt es offenbar nicht in seinen Absichten, daß die Natur und ihre Einrichtung uns unbekannt bleibe, sondern er will, daß sie uns bekannt werde. Gott hat auch wahrlich keinen Grund, uns sein Werk verdeckt zu halten. Je tiefer der Mensch in dasselbe eindringt, desto klarer und leuchtender schimmern ihm die Fußtritte der göttlichen Weisheit und Güte daraus entgegen. Die Naturwissenschaft soll darum immer weiter fortschreiten; jeder wahre Fortschritt führt sie zu deutlicherer Erkenntniß Gottes und verpflichtet sie zu größerer Dankbarkeit gegen ihn. Die Dinge wollen mit tausend Armen den Menschengeist umfassen und ihn an Gott knüpfen, damit wenn er sich auch von dem Gedanken an ihn losreißen will, er es doch gleichsam nur mit Anstrengung kann.

Freilich hat Gott durch die Erlösungsgnade seines Mensch gewordenen Sohnes ein Gnadenband um unser Herz gelegt, das viel stärker ist als die Natur. Wer so recht vollkommen mit der göttlichen Gnade umgürtet ist, der fühlt sich mit den Banden einer alles Geschöpfliche überragenden heiligen Macht an Gott geknüpft. Aber wie ein selbst in diamantene Banden gelegter Marmorblock dennoch aus denselben herausfallen müßte, wenn er in sich selbst zerbröckeln würde, so muß auch der Mensch aus den heiligen Banden der göttlichen Gnade heraus= fallen, sobald er in sich selbst halt= und sittenlos zu werden anfängt. Nicht die Bande der Gnade sind aber dann zu schwach, den Menschen im Gehorsam und im Glauben an die göttliche Offenbarung und ihre heilige Autorität zu halten, sondern die Schwäche liegt auf Seite des Menschen. Gott bietet darum dem Menschen nebst den heiligen Banden der Gnade auch in der Natur noch einen, wenn auch schwächeren Haltpunkt, auf den er sich stützen kann, damit es ihm gleichsam um so schwerer ankomme, von ihm ganz abzulassen.

Bei dem großen Abfalle von dem Glauben an die Offenbarung, von dem unsere letztvergangenen Jahrhun= derte heimgesucht wurden, war der allgemein hervor= tretende Trieb nach einer tieferen Kenntniß der Natur eine immerhin noch sehr segensreiche Lenkung, durch welche die göttliche Barmherzigkeit die menschliche Verkehrtheit noch möglichst zum Guten hinwendete. Wurde auch die Natur durch diese von der Offenbarung abgekehrten For= scher nicht immer im wahren und christlichen Sinne auf= gefaßt, einiges Licht aus der Offenbarung fiel doch, auch wider ihren Willen, gleichsam noch über ihren Rücken her auf die von ihnen durchforschte Natur. So sehen wir denn, einige monströse Ausnahmen abgerechnet, auch bei den nicht mehr positiv-gläubigen Naturforschern der neueren Zeit, doch noch immer den christlichen Einfluß wirksam.

Nehmen wir nur das bei sehr vielen Männern dieser Wissenschaft herrschende hohe sittliche Interesse für die Natur und für deren klare, unverrückbare Gesetze. In diesem sittlichen Interesse an der festen Naturordnung ist noch das vom Christenthum im Menschen wiedergeborene Bedürfniß nach einer sichern und unverletzbaren Autorität wirksam. Der Halt, den dieses Bedürfniß in der Naturordnung fand, trieb viele Forscher selbst zu einer sittlicheren Lebensweise an. Die unter den Augen und in der Hut der göttlichen Offenbarung großgezogene christliche Wissenschaft konnte, auch von der Offenbarung weggewendet, doch den Lichtstrahl ihrer Wahrheit nicht mehr vollständig vor ihrem geistigen Auge verscheuchen. Der Sinn für die göttliche Wahrheit fand in der Naturbetrachtung noch immer einige Nahrung.

Das bloße Interesse der Wissenschaft, das nicht höher strebt, als die Thatsachen der Natur einfach zu verstehen und zu begreifen, und für welches mit der vollständigen Durchforschung der Natur auch die Freude an ihrer gesetzmäßigen und wunderbar schönen Einrichtung aufhört, dieses bloße Interesse der Wissenschaft, das auch heidnische Forscher in hohem Maße hatten, steht tief unter dem Interesse der Wahrheit, das unsere im Gesichtskreise des Christenthums stehenden edleren Forscher erfüllte, auch wenn sie nicht positiv-gläubig waren. Bei diesen Forschern finden wir darum oft eine so wahre, sinnige, zufriedene Freude, eine selbst ihr sittliches Leben läuternde und ihr Denken so hoch begeisternde Bewunderung der Schöpfung, daß wir darin nur eine Nachwirkung des Christenthums sehen können, welche nur ihren eigentlichen Gegenstand verloren hat und sich nun mit der Natur zu behelfen sucht.

In der That, für wen die Natur nicht bloß als ein wissenschaftliches Buch, sondern als eine Botschaft und Offenbarung Gottes an den Menschen gilt, auf den übt ihre Betrachtung einen sehr erhebenden Einfluß aus. Wer mit recht ernsten und für die Wahrheit aufrichtig begeisterten Gedanken in den Sinn und in die Bedeutung der Schöpfung eingedrungen ist, für den ist es nicht mehr schwer, in den Gehorsam des Glaubens einzugehen. Denn er hat schon in der Natur einen solchen Reichthum göttlicher Weisheit kennen gelernt, daß es ihm gar nicht widersprechend vorkommt, von Gott auch noch Wahrheiten zu empfangen, welche ganz über den Kreis des natürlichen Lebens und Denkens hinausragen.

Wir sehen darum in der That, daß sich die neuere Naturwissenschaft in dem Maße ehrfurchtsvoller gegen die Religionswahrheiten zu verhalten beginnt, als sie die Natur vollständiger und damit immer mehr in dem Sinne auf= zufassen beginnt, den Gott in sie gelegt hat. Ein ober= flächliches Verständniß der Sprache, welche Gott in der Natur zu dem Menschen redet, konnte dieselbe allerdings so nehmen, als stehe sie mit der Sprache, die Christus zu uns redet, im Widerspruch; ein tieferes Verständniß der Natur zeigt uns, daß sie zwar von dem Worte Christi ver\[sch\]ieden ist, aber demselben durchaus nicht widerspricht. Es kann darum nur ersprießlich und für das Verständniß der Offenbarung nur nützlich sein, wenn durch die Naturwissenschaft Alles offen gelegt wird, was Gottes Weisheit, Güte und Allmacht in die Natur hineingelegt hat. Je klarer die Züge des göttlichen Wir= kens in der Natur hervortreten, desto mehr wird es sich zeigen, wie sehr sie denen des göttlichen Wortes bei aller Verschiedenheit doch entsprechen.

Die Kirche hat darum, von diesem Grundsatze ge= leitet, nie die Naturwissenschaft in ihrem Rechte beschränkt oder auch nur beschränken wollen. Das ganze Streben der Kirche ging vielmehr immer darauf aus, dem Menschen auch in der Schöpfung den Finger Gottes zu zeigen. Je lichtvoller und verständiger dies geschieht, desto mehr wird damit den Absichten der Kirche gedient. Jede neue höhere Stufe, welche die Naturforschung erklimmt, ist auch eine neue Sprosse an der Leiter, die uns zur vollkommeneren Erkenntniß und zur größeren Verehrung Gottes führt. Der berühmte Cardinal Bellarmin hat in seinem von der innigsten Liebe zu Gott glühenden Büchlein: „Die Erhebung des Geistes zu Gott auf der Leiter der geschaffenen Dinge," gezeigt, von wie hohem Gewinne die tiefere Kenntniß der Natur für das Seelenheil des Menschen werden könne. Er führt in diesen frommen Betrachtungen den Menschen von der ihn umgebenden Erscheinungswelt von Stufe zu Stufe immer höher und höher. Wie ein Transparent von dem es erhellenden Lichte, so erhält vor dem Blicke dieses Geistesmannes die Natur von der sie durchleuchtenden Wahrheit Christi, ein so hehres Leben und einen so heiligen Glanz, daß sie mit mächtiger Anziehungskraft den Menschen zu Gott erhebt. Eine Wissenschaft, welche so weit fortgeschritten wäre, daß sie die Natur in allen ihren Gesetzen und Erscheinungen wie ein geschriebenes Buch klar vor uns aufschlagen würde, wäre die zweckmäßigste

Vorarbeit, um jenen Gedanken, welchen Bellarmin auszuführen begonnen hat, zur höchsten Vollendung fortzuführen.

Und Bellarmin hat hiemit den Gedanken der Kirche ausgesprochen; sämmtliche Lehrer der Kirche halten von der Kenntniß der Natur dasselbe wie er. Die Kirche hat nie dem Streben nach Erweiterung und Vertiefung der Naturkenntnisse ein Hinderniß entgegengestellt, hat nie, aus unvernünftiger Sorge, die Erforschung der Natur möchte vom Glauben abführen, von der Beschäftigung mit ihr abzuziehen gesucht, hat nie den Gang der Wissenschaft aufzuhalten, in nichts den Unternehmungsgeist des Menschen zu hemmen gesucht. All' ihr Bemühen war immer nur darauf gerichtet, jedes gesunde und berechtigte Streben auf jedem Gebiete der Wissenschaft zu unterstützen.

Es ist wahr, sie ist manchen über die Natur aufgestellten Hypothesen mit ihrem Verwerfungsurtheil entgegengetreten. Doch dies geschah nur dann, wenn solche Hypothesen mit unläugbaren Sätzen des Glaubens im Widerspruche standen. Aber nie wurde von diesem Gesichtspunkte der unfehlbaren Glaubenswahrheit aus eine naturwissenschaftliche Hypothese verworfen, die sich später als richtig herausgestellt hätte. Was sich in Widerspruch mit dem Glauben setzte, zeigte sich, mit so blendenden Beweisgründen es auch Anfangs auftrat, doch später immer als Lüge und legte so Zeugniß dafür ab, daß die Kirche wirklich die oberste Hüterin und Richterin der Wahrheit sei.

So verwarf, um ein geschichtliches Beispiel anzuführen, der Papst Zacharias im Jahre 748 in einem Briefe an den h. Bonifacius die von dem bayerischen Priester Virgilius aufgestellte Behauptung, **daß es Antipoden gebe**, und befahl, daß diese Lehre auf einem Concil verworfen werden sollte. Aber, und damit erhält die Sache erst ihr rechtes Licht, der Papst fügte bei, daß der h. Bonifacius jenes Verdammungsurtheil nur dann aussprechen solle, „wenn sich herausstelle, daß Virgilius lehre, es gebe unter unserer Erde noch eine andere, die von ihr ganz verschieden sei und ein anderes Menschengeschlecht," das also nicht von Adam abstamme.

Das kirchliche Verwerfungsurtheil betraf also in diesem Falle eine Hypothese, die mit der dogmatischen Lehre von der Einheit des Menschengeschlechts und von der Allgemeinheit der Erlösung im Gegensatze stand, die sich aber auch seither vom Standpunkte der Naturwissenschaft aus als falsch erwiesen hat. Denn unter unserer Erde befindet sich keine andere Erde, sondern nur die andere

Seite der unsrigen, noch ein anderes Menschengeschlecht, sondern nur andere Abzweigungen des unsrigen. Die Erde ist rund und von einem Menschengeschlecht umwohnt. Hätte Virgilius diese richtige naturwissenschaftliche Ansicht ausgesprochen und bewiesen, gewiß man hätte sich von kirchlicher Seite nicht veranlaßt gesehen, dieselbe zu verwerfen.

Aber freilich führt man dagegen immer und immer wieder das Beispiel des Galileo Galilei an, dessen Behauptung, die Erde bewege sich um die Sonne, von der kirchlichen Autorität verworfen worden sei. Doch damit fügt man der Kirche schweres Unrecht zu. Denn sie war es ja, die den ersten Impuls dazu gab, daß Copernicus seine astronomischen Forschungen unternahm, welche ihn zuletzt zur Aufstellung der Hypothese **von der Bewegung der Erde um die Sonne und vom Stillstande der letzteren** führten. Copernicus wollte durch die Schrift, in welcher er diese Hypothese aussprach, die Verbesserung des Kirchenkalenders ermöglichen. Er widmete dieselbe darum auch dem Papste Paul III. Indessen hatte die Ansicht des Copernicus nur die Bedeutung einer **unbewiesenen Hypothese**, gegen deren Annahme noch viele und gewichtige Gründe zu sprechen schienen. Copernicus selbst gab ihr auch nur die Bedeutung einer Hypothese. Galilei aber glaubte, in Folge seiner astronomischen Beobachtungen, die er mit Hülfe des von ihm vervollkommneten Fernrohrs angestellt hatte, den Satz, daß die Erde sich um die Sonne bewege und daß diese selbst stille stehe, nicht mehr als bloße Hypothese, sondern als eine ausgemachte Wahrheit aussprechen zu können, obgleich auch er hiefür noch nicht die genügenden Beweise geführt hatte, ja obgleich seiner Anschauung von der Bewegung der Erde die unwidersprechlichsten Gründe von Seite der Physik entgegenstanden, weßhalb auch die bedeutendsten wissenschaftlichen Autoritäten jener Zeit Gegner seiner Behauptung waren.

Weil nun Galilei die von Copernicus als Hypothese aufgestellte Ansicht von der Bewegung der Erde als ausgemachte Wahrheit aussprach, traf ihn das Urtheil der römischen Inquisition, und mit Recht. Denn er stellte eine Behauptung als ganz sichere Wahrheit hin, welche allen gewöhnlichen Vorstellungen widersprach und welche, so wie er sie zu beweisen suchte, auch mit ganz unläugbaren Gesetzen der Physik im Widerspruche stand. Galilei wußte nämlich noch nichts von der Schwere der Luft und daß in Folge dieser Schwere die ganze Atmosphäre eine Masse bildet, in welcher die Erde und alle anderen Körper schwimmen. Ohne dies zu wissen, war es aber nicht möglich zu verstehen, wie sich mit unserer Erde bei ihrem Umschwunge zugleich die sie umgebende Atmosphäre mitbewegen sollte. Vielmehr mußte es scheinen, daß eine Bewegung der Erde nothwendig **durch** die Luft hindurch zu geschehen hätte. Dies hätte man sich aber nicht anders denken können, als unter furchtbarem Getöse des die Luft durchschneidenden Erdballs. Die Wolken hätten dabei mit einer fabelhaften Geschwindigkeit über der Erde hinfahren müssen und kein Vogel hätte gegen den Luftstrom fliegen können. Kurz so wie sich Galilei, ohne die Schwere der Luft zu kennen und ohne zu wissen, daß sich die ganze Atmosphäre zugleich **mit** der Erde bewegt, diese Bewegung **durch** die Luft vorstellte, war sie eine wahre Ungeheuerlichkeit, und wurde darum von dem heiligen Officium als „**absurd und falsch in der Philosophie** und der heiligen Schrift zuwider" erklärt. Mit einer solchen Vorstellung konnten weder die allergewöhnlichsten Begriffe von Physik, noch die sichersten Aussprüche der heiligen Schrift in Einklang gebracht werden.

Die Galileische Theorie war noch ein Monstrum; als Hypothese für künftige Untersuchungen sehr fruchtbar, als abgeschlossene Theorie nicht haltbar, so lange sie nicht sicherer und in Uebereinstimmung mit den Gesetzen der Physik bewiesen war. Als Hypothese sie zu lehren hatte eben darum das heilige Officium Galilei so wenig als Kopernicus verwehrt. Was es dem Ersteren verwehrte, das war nur die unwissenschaftliche Uebereilung, mit der er die bloß hypothetisch annehmbare Lehre von der Bewegung der Erde als bewiesene Wahrheit vortrug.

Nachdem darum in der Folgezeit die Copernicanische und Galileische Hypothese durch gründlichere Naturforschung eine solche Fassung und Beweisführung erhalten hatte, daß sie sowohl mit den Lehren der Physik als mit den Aussprüchen der heiligen Schrift in vollkommen Uebereinstimmung gebracht war, gestattete der römisch Stuhl durch ein besonderes Decret, daß die Behauptung von der Bewegung der Erde, so wie sie von der neueren Astronomen aufgefaßt werde, gelehr werden dürfe. Auch die Lectüre der Schriften des Galile und des Copernicus wurde nun gestattet, weil die irrig Auffassung, die sie früher zu verbreiten im Stande gewesen wären, durch die jetzt gewonnene richtige Ansich für immer abgeschnitten war[1].

---

1) Vgl. hierüber die im Frankfurter Broschürenver eine erschienene Schrift von Dr. Bosen über Galile Galilei.

Die Kirche hat also die Naturforschung bei der Begründung der Theorie von der Bewegung der Erde nicht gehemmt, im Gegentheil, sie hat den ersten Impuls dazu gegeben. Als aber diese Forschung falsche Bahnen einschlug und mit einer noch unklar gefaßten Hypothese die auffallendsten Irrthümer vermengte, verbot sie nur, das als sichere Wahrheit zu lehren, was auf so unvernünftige und widerspruchsvolle Weise aufgefaßt war. Ihr Verbot hatte auch durchaus nicht den Sinn, als sollte damit die Bewegung der Erde geläugnet, und die der Sonne behauptet werden, sonst hätte sie ja auch die hypothetische Fassung der Theorie verbieten müssen. Ueber die Theorie selbst zu forschen, gestattete sie, nur gestattete sie nicht, die bei dieser Forschung erzeugten unreifen und monströsen Anschauungen, welche die Vorstellungen der Gläubigen verwirren mußten, zu verbreiten und zu lehren.

Das Verfahren des heiligen Officiums hatte also nur einen sehr wohlthätigen und pädagogischen Charakter, es warnte die Naturforschung auf dem von ihr betretenen ganz neuen Weg vor abenteuerlicher, gemeinschädlicher Ueberstürzung, aber weder diese Forschung selbst noch die Theorie von der Weltbewegung unterdrückte es. Ueberdieß wurde das Decret der römischen Inquisition, welches gegen Galilei's Schriften gerichtet war, nicht von dem Papste unterzeichnet. Der Ausspruch der Inquisition war deßhalb auch durchaus kein unwiderruflicher Ausspruch des kirchlichen Lehramtes; er war nur das disciplinäre Urtheil eines geistlichen Gerichtshofes, welches weder unwiderruflich noch unfehlbar sein kann.

Wenn sich in einem Staate ein kühnes Unternehmen aufwirft, welches seinen Theilnehmern ganz ungewöhnliche Vortheile in Aussicht stellt, dabei aber von allen bisher üblichen Wegen des Gewinnes vollständig abweicht und überdies so angelegt ist, daß es trotz aller glänzenden Aussichten, die es bietet, dennoch die gesammte Staatshaushaltung gefährden könnte, so hat der Staat gewiß nicht bloß das Recht, sondern sogar die Pflicht, seine Unterthanen vor einer übereilten Betheiligung an einem solchen Unternehmen auf so lange zurückzuhalten, bis der Vortheil, den es verheißt, gesichert erscheint. Und ganz so wie der Staat hier auf seinem Gebiete handeln müßte, ganz so hat der geistliche Gerichtshof in Sachen des Galilei gehandelt, und wird er immer handeln bei allen derartigen, die Religion berührenden geistigen Unternehmungen. Und gerade dieses Verhalten der Kirche war für die neuere Astronomie die glückliche Ursache, daß sie sich nicht gleich von vornherein in den nachtheiligsten und gröbsten Irrthümern festsetzen konnte, sondern eine ruhig und besonnen verlaufende Ausgestaltung zur Wahrheit hin nehmen mußte.

Ueberhaupt wäre es eine Forderung der Billigkeit, der Kirche einmal zu danken für Alles, was sie der Kunst, der Wissenschaft und dem Leben der Menschheit durch ihren wohlthätig aneifernden sowohl, als durch ihren regulirenden Einfluß genützt hat. Aber statt dessen hat man, nur ungerechte Vorwürfe und Anklagen für sie. Anstatt ihr Anerkennung dafür zu zollen, daß sie zahllose verderbliche wissenschaftliche Richtungen, die mit den kühnsten und stolzesten Verheißungen aufgetreten sind, durch ihren festen Widerstand zurückgewiesen und so die Menschheit vor unübersehbarem Nachtheil bewahrt hat, klagt man sie der Verfolgungssucht an, weil sie das copernicanische System nicht auch damals schon als ausgemachte Wahrheit anerkannte, wo dasselbe noch gar keinen Anspruch auf eine solche Anerkennung machen konnte.

Die Kirche hat also weder früher noch durch die Censur der Schriften des Galilei irgend einen Satz der Naturwissenschaft verworfen, der evident gewesen wäre, noch hat sie je einen solchen behauptet, der falsch gewesen wäre. Alle Vorwürfe, welche man in dieser Beziehung gegen sie erhebt, entspringen entweder aus bösem Willen oder aus

Mißverständnissen, wie es sich oben in der Frage über Galilei klar gezeigt hat. Der böse Wille nun ist freilich schwer zu heilen, Mißverständnisse dagegen können dadurch beseitigt werden, daß einerseits das Gebiet der kirchlichen Autorität und andererseits die Gränzen der Naturforschung immer genauer zu bestimmen gesucht werden. Ueber das Bereich, in dem die Naturforschung sich ganz ungehindert zu bewegen berechtigt ist, haben wir bereits oben Kap. II. gesprochen. Wir haben also auch die Gränzen zu bestimmen, welche diese Wissenschaft nicht überschreiten darf, wenn sie nicht ihren eigenen Charakter aufgeben will. Doch zuvor wollen wir noch reden:

IV. Ueber die Naturwissenschaft als „exacte Wissenschaft."

Die Naturwissenschaft legt sich gerne und nicht ohne einige Selbstgefälligkeit das Achtung gebietende Beiwort „exact" bei und nennt sich „exacte Wissenschaft." In der That hat sie dazu ein gewisses Recht, insoferne nämlich der Gegenstand ihres Wissens eine mathematisch bestimmte und genaue, kurz eine exacte Erfassung zuläßt. Doch wird dieser exacte Charakter der Naturwissenschaft sehr leicht alterirt von Seite des forschenden

Menschengeistes, dessen Denken und dessen Phantasie nicht immer innerhalb der Gränze bleiben, welche die Wirklichkeit um die Dinge zieht. Beide genannte menschliche Geisteskräfte vermögen nämlich Höheres zu erforschen und zu ersinnen als die Dinge, wenn sie „exact" genommen werden, in sich schließen. Daher kommt es denn oft, daß ein reichbegabter Mensch bei seiner Beschäftigung mit den exacten Wissenschaften häufig und gern an den Gebilden seiner Phantasie und an den genialen Folgerungen seines Denkens weiter spinnt. So kommt er zuletzt zu Resultaten, die er, da sie während seiner Beschäftigung mit den „exacten" Wissenschaften gewonnen wurden, nun auch für exact erklärt. Dennoch sind sie es oft durchaus nicht, sondern haben höchstens die Bedeutung einer kühnen Dichtung. Es ist leicht einzusehen, daß die Naturwissenschaft eben wegen ihres sogenannten „exacten Standpunktes" um so vorsichtiger gehandhabt werden muß, eben weil gerade gegen das Exacte um so leichter ein Verstoß möglich ist. Je schärfer die Linie der Wahrheit ist, um so leichter tritt man daneben und verliert sich in haltlose Hypothesen.

Die Offenbarungswahrheiten lassen keine so exacte Auffassung ihres Inhaltes zu; es gehört vielmehr zum eigenthümlichen Wesen des Dogma's, daß es durch keinen wissenschaftlichen Gedanken vollständig ausgedrückt und ausgemessen werden kann. Der übernatürliche Charakter dieser Wahrheiten duldet solches nicht und trägt etwas die menschlichen Begriffe stets Ueberragendes in sich. Nichtsdestoweniger oder vielmehr gerade deßhalb geht der menschliche Gedanke bei übernatürlichen Wahrheiten nicht so leicht irre, ja, wenn er einmal deren heiligen und sicheren Boden zu betreten und darauf zu wohnen sich gewöhnt hat, so wird er ihn ohne bösen Willen und ohne böse Absicht kaum zu überschreiten vermögen. Denn diese übernatürlichen Wahrheiten stehen in so naher Beziehung zu unserem inneren Leben und haben zugleich eine so sichere äußere Autorität, daß ein Hinwegsetzen über dieselben nicht möglich ist, ohne daß sich dieß sowohl von Seiten des innersten geistigen Lebensgefühles, als von Seite der äußeren Autorität auf's Entschiedenste bemerkbar macht.

Trotzdem also die Offenbarungswahrheiten eine so exacte Auffassung wie die Naturwissenschaften nicht zulassen, ist doch eine viel sicherere Garantie für ihre richtige Auffassung gegeben, als bei diesen. Denn diese sind sehr häufig, um nicht zu sagen meistens, unserem inneren geistigen Lebensgefühle gegenüber so gleichgültig, daß ihre richtige oder falsche

Auffassung für dasselbe ohne alle besondere Rückwirkung bleibt. Eine äußere Autorität ist aber für den Naturforscher nicht da. Denn die Natur selbst kann ja nicht Autorität sein, um die Richtigkeit oder Unrichtigkeit der über sie geführten Forschung zu entscheiden, da sie selbst dieser Forschung unterworfen ist und sich also stets der Forschung gemäß ausspricht. Erst wenn sich aus der Zusammenstellung mehrerer Forschungen ein Widerspruch ergibt, zeigt sich, daß geirrt worden ist. Der Irrthum kann also in der „exacten" Naturwissenschaft längere Zeit festgehalten werden, ohne daß von irgend einer Seite ein Einspruch dagegen erhoben wird.

Damit nun diese gegen den Irrthum so wenig gesicherte, aber dennoch mit so großen Ansprüchen auftretende Wissenschaft, keine ungerechten Eingriffe in das Gebiet der Glaubenswahrheit mache, ist es durchaus nothwendig, daß ihre Gränzen genau bestimmt werden.

V. Die Gränzen der Naturwissenschaft.

In Folge der vielfachen und bedeutenden Entdeckungen, welche durch die eifrige Pflege der Naturwissenschaft gemacht wurden, fing der Verstand mancher neuerer Forscher an, darüber irr zu werden, wo die Gränze dieser

Wissenschaft liege. Viele derselben glaubten, sie habe gar keine Gränzen und umfasse Alles, was ist. Einmal in diese Maßlosigkeit hineingetrieben, glaubte die Naturwissenschaft jeder noch so hohen Aufgabe der Forschung gewachsen zu sein. Ja sie wähnte, in der Natur selbst den letzten Grund alles Seins finden und aus demselben die bisher geglaubten Offenbarungsgeheimnisse durch offenbare Thatsachen widerlegen oder doch ersetzen zu können. Es bemächtigte sich der Geister eine Art von Schwärmerei und ihre Hoffnungen auf die Naturwissenschaft wurden so hoch, daß sie eine krankhafte Ueberspanntheit erreichten.

Daraus entstand die sogenannte neuere, hauptsächlich in Deutschland zur Blüthe gelangte **Naturphilosophie**. Diese hielt sich für fähig, den „quillenden Grund des Seins," d. h. Dasjenige, woraus alles Sein entspringt, in der Natur durch den menschlichen Gedanken aufzufinden. Diesen alles von sich ausströmenden Seinsquell glaubte diese überschwängliche Wissenschaft wie einen Springbrunnen in die Röhre eines philosophischen Gedankens auffassen und dann die einzelnen Dinge in philosophischen Reflexionen daraus hervorsprudeln lassen zu können. Schelling verkündete kühn den Satz: „über die Natur philosophiren, heißt, die Natur schaffen." Er wollte damit nichts Anderes sagen, als es sei die Aufgabe der Naturphilosophie, in der Natur selbst den schöpferischen Gedanken zu erfassen und aus diesem auf philosophische Weise die ganze Schöpfung gleichsam in Gedanken zu wiederholen.

Bei dieser titanenhaften Vorstellung ihrer eigenen Aufgabe ging übrigens die neuere Naturphilosophie zu Grunde. Anstatt nämlich die Dinge, wie sie wirklich sind, zu erkennen, strebte sie darnach, ihr schöpferisches Hervorgehen in's wirkliche Sein erfassen zu lernen. Es war dies eine Art von philosophischer Schatzgräberei, welche es vorzog, statt eines bescheidenen, aber doch möglichen Erwerbs von Wissenschaft, einen maß- und schrankenlosen, aber eben darum unmöglichen zu erstreben.

Diese Naturphilosophie verlor sich darum auch in ganz nutzlose Träumereien und fand statt einer wirklich faßbaren Wissenschaft wesenlose Einbildungen. Denn die Natur zeigt zwar einen großen Reichthum geschaffener Dinge, aber keineswegs einen die Dinge aus sich hervorbringenden schöpferischen Gedanken in sich. Diesen in ihr aufsuchend verirrte sich darum diese Naturphilosophie in das Gebiet der Dichtung, und verlor sowohl bei den Vertheidigern des Offenbarungsglaubens als bei den Anhängern der sogenannten „beobachtenden" Naturwissenschaft jeden Credit und gab sich zuletzt selbst auf.

Doch auch die beobachtende Naturwissenschaft, welche sich nicht so Knall und Fall mitten in den schöpferischen Gedanken der Natur hineinstellen, sondern die Dinge nur so nehmen und auffassen wollte, wie sie in Wirklichkeit sind, auch sie erzeugte eine mit der Naturphilosophie an Monstrosität wetteifernde, wissenschaftliche Richtung aus sich, nämlich den Materialismus. Diejenige Richtung der beobachtenden Naturwissenschaft, welche in den Materialismus ausartete, ging davon aus, daß das eigentliche Wesen eines jeden Dinges in dem durch die Sinne wahrnehmbaren Stoffe liege und kam so zuletzt zu der Behauptung, daß auch Dasjenige, woraus alle Dinge ihren Ursprung hätten, sinnlicher Stoff, Materie sei. Man faselte so von einem gasigen oder breiartigen Urstoffe, oder von einem Urstoff und einer Urkraft, die aus ihrem grausigen Ehebündniß diese ganze schöne und reiche, lichte und zweckmäßige Welt erzeugt hätten.

Das war nun wiederum eine Träumerei, so handgreiflich und plump sie aussah. Denn im ganzen Bereiche der Wirklichkeit gibt es weder eine Urkraft noch einen Urstoff, sondern, soweit die Wahrnehmung der menschlichen Sinne und also die Beobachtung reicht, haben die stofflichen Elemente und die Kräfte eine ganz bestimmte individuelle Form, nirgends finden sie sich in einer Urform. Die Urmaterie und die Urkraft, aus welcher die Materialisten die Welt der Wirklichkeit ableiten wollen, findet sich nirgends, es ist eine willkürliche Voraussetzung, eine Erdichtung und Träumerei, von der sich am wenigsten eine „exacte" Beobachtung machen läßt.

Die Beobachtung zeigt uns die Dinge dieser Welt als einen innigen Zusammenguß von einem plastischen, formenden und einem stofflichen Element. Weder das eine noch das andere der beiden Elemente läßt sich, ganz frei vom anderen, für sich darstellen. Versucht man dieß, indem man irgend eine Verbindung, in die sie eingetreten sind, zerstört, so sind sie sofort in einer anderen Verbindung da; zerstört man diese wieder, so schlüpft augenblicklich eine dritte aus der Zerstörung hervor. Wir vermögen in keinem Ding der Natur auch nur einen Moment lang die bloße Materie oder die bloße bildende Kraft für sich getrennt zu erhalten; entweder sie sind, in welcher Gestaltung es nun immer sein mag, mit einander verbunden, oder sie sind überhaupt beide nicht.

Den aus Materie und bildender Kraft verbundenen

Dingen geht also weder ein Ur-Stoff noch eine Ur-Kraft, sondern nur das Nichts voraus. Ueber die Dinge, wie sie in der Wirklichkeit vor uns stehen, kann also die Naturwissenschaft mit ihrer Forschung nicht hinausgehen. Warum und wie und aus welchem Urgrunde die Dinge in das jetzige Sein gekommen sind, das kann die Naturwissenschaft nicht mehr beantworten, weil sich innerhalb der Natur keine Antwort dafür finden läßt. In der Natur sind nur Dinge, welche Erklärung darüber fordern, warum, woher und aus welchem Urgrunde sie geworden sind, aber kein einziges Ding ist innerhalb der Natur, das für die übrigen und für sich diese Erklärung in sich trüge und darum geben könnte. Davon, was sie nach ihrem Entstehen wirklich sind, tragen die Dinge die ausreichende Erklärung in sich; fragt man aber nach dem woraus und woher, so weisen sie über sich hinaus auf einen Erklärungsgrund, den die Naturwissenschaft nicht mehr geben kann, eben weil er über der Natur liegt.

Wenn Kant behauptet, wir könnten bloß die äußere Erscheinung an den Dingen erkennen, aber nicht ihr inneres Wesen, nicht was jedes Ding an sich sei, so hat er darin Unrecht gehabt. Denn was das Ding seinem Wesen nach und an sich ist, das tritt ja eben in der

Erscheinung hervor; die Erscheinung der Dinge ist ja nur darum etwas, weil das Wesen der Dinge in ihr hervortritt. Hätte aber Kant seine Behauptung in dem Sinne ausgesprochen, daß wir in der Beobachtung der Dinge, wie sie in Wirklichkeit sind, nicht eine den schöpferischen Grund derselben erklärende Urwesenheit zu finden vermögen, so hätte er damit ganz das Rechte behauptet. Auf ein solches An-sich der Dinge gelangen wir allerdings in der Untersuchung und Beobachtung ihres Wesens und deren Erscheinung nicht.

Der Grund, welcher Form und Materie in den einzelnen Dingen zu dem bestimmten Wesen das sie haben, verbindet, bleibt für uns immer ein Geheimniß. Wir können nie begreifen, warum ein Ding gerade so ist, wie es ist, wir müssen uns begnügen, zu erkennen, was es ist, nachdem es da ist und in die Erscheinung tritt. Wir können den Proceß verfolgen, nach welchem eine Naturerscheinung aus der anderen hervorgeht; wir können uns sogar die Regel und das Gesetz klar machen, nach welchem dieß geschieht, ja wir können es sogar voraussagen, daß gewisse Naturerscheinungen nach gewissen von uns erkannten Regeln und Gesetzen verlaufen werden; noch mehr: wir können sogar auch erklären, wie manche abgeleitete Gesetze der Natur aus den das All beherrschenden Grundgesetzen hervorgehen. Woher aber die allgemeinen und Grundgesetze der Natur sind und warum sie so und so sind, das können wir nicht mehr erklären; wir finden sie so geschaffen und geordnet.

Aber sowohl die pantheistische Naturphilosophie, als der Materialismus der Neuzeit glaubten auch das Schöpfungsgeheimniß der Dinge erklären zu können. Beide wollten in der Natur selbst den letzten Grund aller Dinge finden, doch beide in verschiedener Art. Die speculirende Naturphilosophie ging, um das Urwesen zu finden, auf einem ideellen Wege voran und glaubte darum auch in einem ideellen Urwesen, nämlich in der sogenannten Weltseele, den Erklärungsgrund von Allem gefunden zu haben. Der beobachtende Materialismus suchte das Urwesen mit den Sinnen und glaubte darum auch in einem sinnlichen Urstoff oder in einer sinnlich wirksamen Urkraft dasselbe gefunden zu haben: die Einen träumten in geistigen, die Anderen in materiellen Phantasmagorien.

Wenn Kinder einen Apfel zerschneiden, um aus ihm den eigentlichen Apfel, ich möchte sagen den Apfel an=sich herauszuschälen, so mag das als ein Spiel der kindlichen Phantasie immer noch hingehen. Wenn aber ernste Männer aus dem Erdball, oder aus der Weltsphäre, das

Grund- und Urwesen der Welt herausschälen zu können glauben, so ist das eine höchst bedauerliche Verirrung des Denkens über die Gränze des Wissens und der Wirklichkeit hinaus. Denn in den Dingen liegt eben nicht mehr als was sie sind, mehr läßt sich darum auch nicht in ihnen finden. Ueber das, was die Dinge in Wirklichkeit sind, geht aber die Naturwissenschaft nicht hinaus, und kann nicht darüber hinausgehen, so lange sie sich eben noch mit Dingen beschäftigt.

Cardinal von Rauscher sagt in dieser Beziehung in seinem jüngsten, bei Veranlassung der päpstlichen Encyclica erlassenen Hirtenbriefe: „Der Staat ohne Gott," über die Gränze der Naturforschung folgende treffliche Worte: „Der Forscher, welcher in dem Sinnfälligen den letzten Grund des Sinnfälligen sucht, ist gleich einem Menschen, welcher das Firmament ergreifen will. Auf jenem Berg dort, spricht er, senkt es sich offenbar herab. Er macht sich also auf den Weg, er kommt am Fuße des Berges an, er klimmt zum Gipfel empor und siehe! das Firmament ist von ihm genau so weit entfernt, wie da er noch zu Hause saß. Indem Newton entdeckte, daß alle Körper einander im geraden Verhältnisse ihrer Massen und im verkehrten des Quadrates ihrer Entfernungen anziehen, erschloß er dem menschlichen Geiste einen großartigen Einblick in die Fernen des Weltenraumes, aber es sind doch nur Verhältnisse der Wechselwirkung des Räumlichen bloßgelegt. Warum es in diesen Verhältnissen stehe, ist nicht erklärt; es ist nur die Thatsache angegeben."

Aber eben der große Reichthum von Thatsachen, den die neuere Naturwissenschaft zu ihrer Kenntniß gebracht hat, und die ihr häufig so glücklich gelungene Erklärung und Aufhellung der Wechselwirkung, welche unter den Dingen besteht, gab ihr jene vermessene Zuversicht, sie vermöge auch das erste Entstehen und den Entstehungsgrund der Dinge aus ihnen selbst zu erklären. Dies ist aber der Naturwissenschaft noch mit keinem einzigen Dinge gelungen. Sie hat wohl das Wachsthum und die Entwicklung der Pflanzen und auch der Thiere von ihrem ersten Keime aus beobachtet, aber damit ist noch lange nicht das **Werden und Entstehen** dieser Dinge begriffen. Denn in ihrem Keime sind die Dinge bereits da, und wer sie von da aus beobachtet, „belauscht nicht ihr Werden," sondern sieht nur ihrer vollständigen Ausgestaltung zu, nachdem sie bereits geworden sind. Das „Werden" ist erst dann begriffen, wenn man in der Natur den Grund gefunden hat, aus welchem die Dinge, nachdem sie vorher durchaus nicht waren, geworden sind.

Dies hat aber die Naturwissenschaft bis jetzt nicht an dem kleinsten Grashalm und nicht am unscheinbarsten Insekte zu begreifen vermocht. Sie hat den größten Scharfsinn in der Aufdeckung der complicirtesten Gesetze bewiesen, auf denen die Ordnung der Natur begründet ist, aber von der Art, wie diese Gesetze selbst entstanden sind und von dem Grunde, worauf sie ruhen und weßhalb sie gerade so sind, wie sie in Wirklichkeit sind, weiß sie gar nichts. Alle diese Fragen liegen jenseits der Gränze der Naturwissenschaft und des menschlichen Wissens überhaupt.

Uebrigens fängt die Naturwissenschaft in neuerer Zeit an, dieß einzusehen, und bemüht sich, besonnener über das Maß und die Gränze ihrer Aufgabe nachzudenken. In dem Verhältniß, als sie sich klarer bewußt geworden ist, daß sie in der Kenntniß der Thatsachen und in der Aufhellung der Gesetze der Natur zwar die größten und allseitigsten Fortschritte gemacht habe, dagegen vor allen Fragen über das Entstehen der Dinge jetzt noch gleich unwissend dastehe wie zu der Zeit, da sie noch in den Windeln lag, ist sie bescheidener geworden und erscheint sie bereit, sich vor dem göttlichen Schöpfergeheimnisse zu beugen. Die immer wiederkehrende Erfahrung die sie gemacht hat, daß der Faden der Untersuchung jedesmal abreißt, sowie sie über die Erklärung des Bestehenden hinaus in das Geheimniß des Entstehens eindringen will, hat die Ueberzeugung, daß man die Erklärung des Entstehens der Dinge nicht in den Dingen selbst suchen dürfe, jetzt fast zur allgemeinen gemacht.

VI. Naturwissenschaft, Philosophie und Offenbarung in ihrer allgemeinen Beziehung zu einander.

Vor dem unergründlichen Abgrunde angelangt, an dessen Rand die Dinge und ihre Gesetze beginnen und über den hinaus sie nichts sind, drängt sich der Untersuchung nothwendig die Frage auf, wer denn der Urheber dieser „aus sich gar nicht erklärlichen Dinge sei, und wer sie hart am Rande des Nichts doch so sicher und in so fester Ordnung begründet habe? Denn daß die Dinge aus sich nichts aufweisen können, aus dem ihr Entstehen abgeleitet werden könnte, das beweist nur, daß sie von sich aus nichts sind. Aber nichtsdestoweniger haben sie ein Sein und ein Wesen, und da sie es nicht aus sich haben, so müssen sie es von einem anderen Wesen haben, welches sie geschaffen hat. Und dieses Wesen ist Gott, der Allmächtige.

Zur Erkenntniß Gottes erhebt sich auf der Grundlage der von der Naturwissenschaft erforschten Thatsachen der freie, vernünftige Geist des Menschen auf der Tragkraft des philosophischen Gedankens. Wo die Naturwissenschaft aufhört, beginnt die Philosophie, welche über den Gegenstand der Naturwissenschaft, über die gewordenen Dinge, hinausführt zu Gott, und ihn als den Grund und Urheber alles Seins kennen lehrt. Aber auch die Philosophie löst damit noch nicht das Schöpfungsgeheimniß, sondern beweist nur, daß dasselbe in Gott liegt und daß er der allmächtige Grund desselben sei. Der philosophische Gedanke erkennt nämlich, wie den Dingen, deren Gesetze die Naturwissenschaft beobachtet, das irdische Sein durch eine unsichtbare Macht jetzt gegeben, jetzt wieder genommen wird, und dieß führt ihn nun zu dem Schlusse, daß ein unsichtbares, aber dennoch stets und überall wirkendes, weises und allmächtiges Wesen existiren müsse, welches das Sein so in seiner Gewalt hat, daß es dasselbe überall bewirken kann, wo es will; ferner, daß dieses Wesen, welches über das Sein Gewalt hat und sonach Herr des Seins ist, von sich und durch sich sein müsse, weil es sonst nicht Herr des Seins der Dinge sein könnte. Denn nur das Wesen, **dem das Sein von sich aus zukommt,** kann es, als dessen Herr, schaffend bewirken.

Der **philosophische** Gedanke führt also über die Dinge hinaus zu Gott und erkennt in ihm den Grund und Urheber aller Dinge, während die an die sinnliche Beobachtung gebundene Naturwissenschaft **als solche** im Kreise der Dinge selbst stehen bleibt, und sonach nur die in ihnen begründete Ordnung, nicht aber den Ordner und Gründer selbst finden kann, außer unter der Führung des philosophischen Gedankens und indem sie über die Dinge hinausgeht. Wenn freilich ein Naturforscher zugleich Philosoph ist, so kann auch er sich, vermöge des speculirenden Denkens, über die Erscheinung der Dinge in der Welt, zu deren überweltlichem Schöpfer erheben. Er läßt ja dann von den Dingen als solchen ab, und betrachtet sie nur als Hervorgebrachtes und sucht in Gott den Grund ihres Seins.

In das innere Wesen Gottes selbst und in die Geheimnisse seiner Dreipersönlichkeit führt aber auch der tiefste Gedanken der Philosophie nicht ein; in sie kann uns nur die Offenbarung einführen. Die Philosophie steht darum tief unter der

Offenbarung, wenn sie auch hoch über der Naturforschung steht. Wie die Naturwissenschaft nicht über die Dinge, so kommt auch die Philosophie nicht über die aus den Dingen gezogenen Schlüsse und nicht über die Höhe der menschlichen Begriffe hinaus. Diese aber reichen bloß hin, das Dasein, aber nicht das innere Leben und Wesen Gottes zu erschließen. Sie führen, um einen bildlichen Ausdruck zu gebrauchen, bloß vor Gott hin, aber nicht in ihn hinein. Denn die Thatsache, daß Gott den Dingen das Sein gibt, beweist nur, daß er nothwendig ist, lehrt uns aber sein inneres Sein nicht kennen, da es ein anderes ist als das der Dinge, nämlich ein solches, das durch sich ist, während das der Dinge geworden ist.

Wenn darum der Philosophie, nachdem sie sich in ihrem hohen metaphysischen Fluge, einem Adler gleich, bis zur letzten Höhe aller menschlichen Begriffe erhoben hat, nicht der Lichtglanz der Offenbarung aus dem inneren Geheimnisse der göttlichen Weisheit entgegenstrahlen würde, müßte auch sie zuletzt, ohne das rechte Ziel der Wahrheit gefunden zu haben, aus ihrer Höhe wieder herabsinken.

Wie also die Naturwissenschaft durch ihren eigenen Gegenstand und durch die sinnliche Beobachtung und

Wahrnehmung, welche sie an denselben knüpfen, beschränkt ist, so ist auch die Philosophie, obgleich sie Gottes Dasein erkennt, dennoch ebenfalls beschränkt durch die unzureichende Grundlage, auf denen sie ihre Schlüsse aufbaut und durch die engen Begriffe, in welche sie dieselbe zu fassen gezwungen ist.

Doch untersuchen wir nun näher, welcher Werth und welche Bedeutung der Naturforschung im Verhältniß zur kirchlichen Wahrheit zukommt.

VII. Der kirchliche Standpunkt in der Frage von dem Verhältniß der Natur zur Offenbarung.

Wir haben zunächst darauf zu antworten, ob die kirchliche Wahrheit mit der Naturforschung, so lange diese sich innerhalb der ihr gesteckten Gränze hält, je in einen eigentlichen Conflict kommen könne. Nach kirchlicher Anschauung ist dieß nicht möglich. Die Kirche hat einerseits von der Natur nicht die Ansicht, daß sie dieselben Wahrheiten wie die Offenbarung, nur in einer anderen Form, etwa in der körperlichen Erscheinungsform oder in der Gestalt von wirkenden Kräften in sich schließe, sondern sie stellt die Wahrheiten des Christenthums unbedingt über Alles, was die Natur bietet, und verwirft die Meinung, daß dieselben irgendwie aus der Natur abgeleitet und begründet werden könnten. Ebenso entschieden weist aber die Kirche den entgegengesetzten Irrthum ab, daß die Offenbarung Christi und deren Geheimnisse mit den Gesetzen der Natur im Widerspruche stehe. Die Kirche lehrt vielmehr, daß zwischen der Natur und zwischen der Offenbarung eine solche Harmonie bestehe, wie sie nur zwischen dem Höheren und Niederern bestehen könne und daß sich diese Harmonie durch die reichsten Beziehungen, durch die sinnigsten Analogien, die zwischen beiden hervortreten, beweisen lasse.

Zwei in Vergleichung gezogene Gegenstände können nämlich nicht bloß dann in Uebereinstimmung mit einander stehen, wenn der eine in dem anderen begründet und aus ihm abgeleitet ist, sondern auch dann, wenn beide denselben Urheber haben. Darum lehrt die Kirche die Uebereinstimmung zwischen der Natur und zwischen der christlichen Offenbarung auf den Grund hin, daß der Eine Gott der Urheber von beiden sei. Denn Alles, was von Gott komme, könne nicht bloß, sondern müsse in Uebereinstimmung stehen, weil Gott nicht bloß wie eine endliche Ursache, übereinstimmende Dinge hervorbringen könne, sondern weil es in seiner Natur liege, nur solche hervorzubringen.

Denn bei Allem, was er hervorbringe und wirke, habe er nur **einen** Zweck und nur **eine** Absicht, nämlich seine eigene Verherrlichung. In der rechten Beziehung zu dieser betrachtet, müßten darum auch alle Werke Gottes und auch die verschiedenen Formen seiner Offenbarung, die natürliche und die übernatürliche, mit einander übereinstimmen.

Deßhalb sei es aber nicht nöthig, daß die natürliche Offenbarung Gottes, seine Schöpfung, auch schon dasselbe in sich enthalte, was seine übernatürliche. Vielmehr verstehe es sich ganz von selbst, daß, da Gott nach der Schöpfung noch eine andere Offenbarung an den Menschen gerichtet habe, diese weder in der schon vorhandenen Natur, noch in dem Menschengeiste enthalten, noch durch diesen erreichbar sei. Denn wäre dieß der Fall, so hätte sich ja der Mensch an der Natur vollständig genügen können, und es wäre höchstens eine nachdrücklichere Aeußerung des göttlichen Gedankens in ihr, oder eine energischere Auffassung desselben durch den Menschen, aber nicht eine neue Offenbarungsthat Gottes, noch eine Erlösung des Menschen nöthig gewesen.

Die neue Offenbarungsthat Gottes mußte deßhalb sowohl die ganze Schöpfung, als auch die Kraft und Fähigkeit des menschlichen Geistes überragen, und durfte nicht eine bloße Steigerung dessen sein, was in der Natur schon lag. Nichtsdestoweniger mußte sie aber doch mit der Natur übereinstimmen, sich an sie anschließen, nicht um das, was in ihr schon war, bloß seiner Anlage gemäß zu vollenden, sondern geradezu um ihm eine neue höhere Beziehung zu seinem letzten Ziele, zu Gott, zu geben. In der Beziehung zu diesem einen und gleichen Ziele stimmen also die natürliche und die sie überragende übernatürliche Offenbarung vollständig überein.

Einen Widerspruch zwischen der Natur und der Offenbarung kann es also nach katholischer Lehre auch in jenen Punkten nicht geben, in denen die Offenbarung Wahrheiten und Geheimnisse enthält, die so erhaben sind, daß sie vom Naturstandpunkte aus weder erwartet noch vorausgesetzt werden können. Denn auch zwischen solchen Geheimnissen des Glaubens und den Gesetzen der Natur bestehen, wenn auch keine augenfälligen, doch immer noch erkennbare Beziehungen, in welchen sie wegen der gemeinschaftlichen Richtung zu dem einen Ziele der Verherrlichung Gottes stehen.

Soll darum die Uebereinstimmung zwischen der Natur und der Offenbarung gefunden und erkannt werden, so müssen beide unter dem rechten Gesichtspunkte in Betracht gezogen werden. So hat z. B. der Naturkörper des

Wassers, insoferne er ein Mittel der körperlichen Reinigung ist und in der Natur das Keimen und Wachsthum der Pflanzen bedingt und befördert, eine tiefe und sinnreiche Beziehung zu dem übernatürlichen Geheimnisse der Erlösung, indem er in der heiligen Taufe das Element bildet, an welches in der Kirche die geistige Reinigung der Seele und die Wiedererweckung und das Aufleben derselben zum Stande der Gnade geknüpft ist. Auch die übrigen Heilswahrheiten der Kirche stehen in derselben sinnreichen Beziehung und Uebereinstimmung mit der Natur. So z. B. das heilige Sacrament des Altars, die heilige Firmung, kurz alle Sacramente und alle Gnaden- und Glaubensgeheimnisse der Kirche. Noch tiefer und inniger ist diese Beziehung der Gnadengeheimnisse zu dem natürlichen Leben und Denken des Menschen, das von ihnen durchdrungen und für seine höchste Bestimmung geheiligt wird. Dieses ist so wahr, daß wir geradezu sagen können, es liege im Princip der kirchlichen Glaubens- und Gnadengeheimnisse, die Uebereinstimmung zwischen der Natur und zwischen der christlichen Offenbarung darzustellen und lebensvoll auszusprechen. Die Kirche weist jeden Gedanken an einen Widerspruch zwischen der Natur und Offenbarung entschieden ab, weil dieß der Wahrhaftigkeit

Gottes entgegen sein würde. Denn Gott kann nicht etwas in der übernatürlichen Offenbarung lehren, was die von ihm in der Natur geschaffenen und forterhaltenen Gesetze umstoßen würde.

Die Kirche faßt also die Natur in jener höchsten Beziehung auf, in welcher sie ganz in Uebereinstimmung mit ihren Lehren und mit ihrem Wirken steht und von demselben ihre Heiligung empfängt. Damit sagt sie aber nicht, daß außerdem die Natur nicht auch noch andere Gesichtspunkte darbiete, von denen aus sie rein für sich und ohne jene Beziehung zum ewigen Heile des Menschen und zur directen Verherrlichung Gottes betrachtet werden könne. So läugnet die Kirche nicht, daß z. B. das Wasser vom rein naturwissenschaftlichen Standpunkte aus als eine bloße Zusammensetzung und Mischung von Wasserstoff und Sauerstoff betrachtet werden könne.

Eine ähnliche chemische, physikalische oder botanische Betrachtungsweise der Natur, in welcher von jener Beziehung derselben zu den Heilswahrheiten ganz abgesehen und die Naturdinge ganz in sich, in ihren Bestandtheilen und Kräften untersucht werden, gibt die Kirche vollkommen zu. Aber sie gibt nicht zu, daß, weil in dieser Weise der Naturbetrachtung die Beziehung und Uebereinstimmung der letzteren mit der Offenbarung nicht hervortritt, eine solche Beziehung und Uebereinstimmung auch gar nicht bestehe. Die Kirche spricht der Naturwissenschaft das Recht ab, dasjenige, was diese von ihrem engen Standpunkte aus nicht sehen kann, noch zu sehen bestrebt ist, deßhalb schon läugnen und als den Naturgesetzen widersprechend verwerfen zu dürfen. Die Kirche behauptet ja auch nicht, daß mit ihrer religiösen Betrachtungsweise der Naturdinge diese auch schon in ihren chemischen Bestandtheilen, in ihren botanischen Merkmalen und in ihren physikalischen Gesetzen bestimmt seien. Sie darf darum auch verlangen, daß die Naturwissenschaft aus ihrem engen Standpunkte heraus nicht über die höchsten Gesichtspunkte, von denen die Natur aufgefaßt werden kann, aburtheile.

Aber dieses Recht hat sich die Naturwissenschaft nun einmal angemaßt und will es nicht mehr aufgeben. Sie will jene Uebereinstimmung zwischen der Natur und zwischen der Offenbarung, welche die Kirche von ihrem höheren Standpunkte aus erkennt und festhält, durchaus bestreiten, weil sie von ihrem beschränkten, niederen Standpunkte aus dieselbe nicht erkennen kann. Daher rühren jene grundlosen Behauptungen von der Unverträglichkeit der naturwissenschaftlichen Forschung mit den christlichen Offenbarungslehren. Die Naturwissen=

schaft provocirt den Streit in muthwilliger Weise. Wie zwischen Himmel und Erde Friede herrscht, so lange die Erde nicht ihre Gewitter aufsteigen läßt, so ist zwischen der Naturwissenschaft und der Offenbarung Friede, so lange ihn die Naturwissenschaft selbst nicht stört. Denn die Kirche stört ihn nicht und setzt der in ihren Gränzen beharrenden Naturwissenschaft ebensowenig einen Widerspruch entgegen, als das blaue Firmament des Himmels ein Gewitter erzeugt.

Doch gehen wir noch etwas näher auf die Resultate der neueren Naturforschung ein, und sehen wir, ob dieselben, wo sie mit der Kirche in Widerspruch treten, das wahre Gold ächter Wissenschaft sind, und ob, wo sie ächte Wissenschaft sind, sich ihnen nicht auch zugleich das Gepräge der Kirchlichkeit aufdrücken lasse.

VIII. Die Resultate der Naturwissenschaft und Philosophie vor dem Richterstuhle des kirchlichen Dogma's, und die Resultate des Dogma's in ihrer Autorität für die Naturwissenschaft und Philosophie.

Die Erforschung der Natur fällt allerdings zunächst der Naturwissenschaft zu, welche die Thatsachen und Erscheinungen beobachtet und deren Wechselverhältniß bestimmt. Dieselbe ist jedoch auch ein Gegenstand der Philosophie, welche auf die gemachten Beobachtungen Schlüsse über höhere, übersinnliche, die Beobachtung überragende Thatsachen und Wahrheiten baut. Außer der Naturwissenschaft und der Philosophie hat aber auch die Kirche, als Bewahrerin und Richterin der höchsten Offenbarungsthatsachen unbestreitbare Ansprüche darauf, dem obersten Rathshofe, der über die Natur und ihre Bedeutung aburtheilt, beizusitzen; ja ihr gebührt der Vorsitz in demselben. Denn die Natur ist ja vor Allem und zunächst auch eine Offenbarungsthatsache Gottes und verlangt demgemäß von der Offenbarungsautorität ihr Verständniß und ihre Auslegung.

Die Offenbarung, welche Gott durch seine Schöpfung an uns gerichtet hat, kann zwar mit Hülfe der naturwissenschaftlichen und der auf diese gegründeten philosophischen Forschung richtig erkannt werden.

Da aber das menschliche Wissen nicht irrthumslos ist, so kann es die Natur hinsichtlich ihres Offenbarungscharakters auch unrichtig auffassen und dieselbe sogar vollständig mißverstehen. Ueberdieß trägt auch die Natur keine obersten Kriterien in sich, an denen erkannt werden könnte, ob sie wirklich so aufgefaßt worden ist, wie sie ihrem Offenbarungscharakter gemäß aufgefaßt werden soll. Sobald darum die Naturwahrheiten die Offenbarungswahrheiten der Kirche berühren und in dieselben hinüberreichen, kann nur der Richterstuhl der Offenbarung als letzte entscheidende Instanz für sie gelten.

Die Naturwissenschaft kann deßhalb eben so wenig als die Philosophie für das sichere und richtige Verständniß der Natur, insoferne dieselbe göttliche Offenbarung ist, die Berathung und Beihülfe, die obersten Offenbarungsgrundsätze und die Entscheidung der Kirche entbehren. Das Offenbarungslicht der Natur wird von der Kirche mit einer höheren, helleren und so sicheren Leuchtkraft erhellt, daß der zweifelhafte Dämmerschein, welcher über der natürlichen Erkenntniß der Schöpfung immerhin noch bleibt, vollständig verscheucht wird. Selbst wenn die menschliche Erkenntniß die göttliche Offenbarung in der Natur richtig aufgefaßt und verstanden hätte, selbst dann wäre es doch noch vom größten Gewinn, über diese richtige Auffassung an den höchsten Offenbarungsprincipien sicher zu werden.

So ist durch die übernatürliche Offenbarung über die Entstehung der Welt, über das Dasein Gottes, über das Wesen und die Unsterblichkeit der Seele und von diesen Centralwahrheiten aus über alle damit im Zusammenhange stehenden Fragen der natürlichen Offenbarung das hellste Licht verbreitet worden. Dieses von der Offenbarung über die Natur verbreitete Licht setzt erst die tiefste Bedeutung der Schöpfung in die rechte Klarheit. Wir sagen damit durchaus nicht, daß die Naturforschung ihre eigene Arbeit aufgeben, und dafür einfach die Belehrung, welche die Offenbarung bietet, hinnehmen solle. Im Gegentheil, die Naturforschung hat ihr ganz selbstständiges Gebiet, über welches ihr die Offenbarung gar keinen Aufschluß gibt, und in welchem sie ganz ungehindert herrschen kann und soll. Die Offenbarung lehrt nichts über die Zusammensetzung der Körper aus den verschiedenen Stoffen, sie lehrt überhaupt nichts über Chemie; ebensowenig entscheidet sie physikalische oder medicinische Fragen; kurz, sie greift in das reinwissenschaftliche Gebiet der Naturforschung gar nicht ein und läßt dieser hierin volle Selbstständigkeit.

Aber in allen Fällen, in denen die Offenbarung einen Aufschluß über eine Thatsache der Natur gibt, wie dieselbe den obersten Offenbarungsprincipien gemäß aufgefaßt werden muß, ist auch die Wissenschaft verpflichtet, das Recht und die Selbstständigkeit der Kirche anzuerkennen. Denn die Kirche hat ein von Gott verliehenes und garantirtes Recht, für die Offenbarungswahrheiten auch insoweit einzustehen, als dieselben ihre Consequenzen in das Gebiet der Natur hineinerstrecken. So setzen z. B. die Principien der kirchlichen Wahrheit die Unsterblichkeit der Seele, die Unkörperlichkeit Gottes, die zeitliche Entstehung der Welt voraus. Wollte nun die Naturwissenschaft in ihrer Forschung die kirchliche Lehre in diesen Voraussetzungen bekämpfen, so würde sie damit eben einfach in das Gebiet der Kirche eingreifen und **die Resultate der Offenbarung nicht anerkennen noch berücksichtigen.**

Alle Klagen und Beschwerden, welche in neuerer Zeit die Naturwissenschaft und die Philosophie gegen die Kirche erhoben haben, als berücksichtige diese die Resultate ihrer Forschung nicht, fallen darum, wenn die Sache richtig und gerecht genommen wird, auf diese beiden Wissenschaften selbst zurück. Jedesmal, wo eine Differenz entstand, waren sie es, welche mit ihrer Forschung die Resultate der kirchlichen Offenbarungslehre umstoßen wollten. Und weil die Kirche dieses ihr Beginnen immer zurückwies, so zeigten sie sich gereizt und behaupteten, die Kirche widerstrebe den Resultaten der Wissenschaft. Man klagte die Kirche dessen an, wessen man selbst schuldig war.

Hätte die Kirche je von ihrem Standpunkte aus in die wissenschaftlichen Forschungen der Chemie, Anatomie

und der Astronomie einzugreifen und sich als Schieds=
richterin in diesen Gebieten aufzuwerfen gesucht, so hätte
die Naturwissenschaft alles Recht, sich gegen sie zu be=
schweren. Denn wer sich auf den Boden der Wissen=
schaft begibt, der muß sich auch von der Wissenschaft
richten lassen, weil in rein wissenschaftlichen Fragen, die
den Glauben nicht berühren, die Wissenschaft die oberste
Richterin ist. Aber in solche Fragen hat die Kirche nie
etwas hineingeredet, darin hat sie immer der Wissenschaft
ihr volles Recht gelassen.

Immer nur dann und immer erst dann hat die
Kirche in den Gang einer wissenschaftlichen Frage einge=
griffen, wenn dieselbe anfing, in das Gebiet der Offen=
barungswahrheiten einzubrechen, um dieselben zu läugnen
oder doch wenigstens durch ihre Auffassungsweise zu ent=
stellen. Aber auch selbst dann, wenn die Kirche in einem
solchen Falle die Uebergriffe der Wissenschaft zurückwies,
sprach sie derselben damit noch nicht das Recht des For=
schens ab, sondern erklärte nur einfach, daß dieses For=
schen auf Irrwege gerathen sei, weil es der göttlichen
Wahrheit widerspreche.

Daß sie aber auf Irrwege gerathen könne, hat die
Wissenschaft noch nie geläugnet. Ja die einzelnen Ver=
treter der Wissenschaft sind wohl selbst am Eifrigsten be=

müht, sich gegenseitig nicht bloß der Irrthumsfähigkeit, sondern wirklicher und zwar sehr zahlreicher Irrthümer zu überweisen. Nur von der Kirche will man sich dieses nicht gefallen lassen, nur von ihr will die Wissenschaft sich nicht des Irrthums zeihen lassen, selbst wo sie sich in die Entscheidung von Offenbarungswahrheiten einmischt. Und woher kommt dies?

„Die Wissenschaft, sagt man, kann sich bloß einem wissenschaftlichen, nicht einem autoritativen Schiedsgericht unterwerfen." In gewissem Sinne ist dieser Satz richtig. Die Wissenschaft als solche muß ihre Fragen w i s s e n s c h a f t l i c h entscheiden. Aber darum handelt es sich hier gar nicht. Die Kirche will nicht über die Wissenschaft zu Gericht sitzen, sie entscheidet einfach über T h a t s a c h e n, über t h a t s ä c h l i c h e Wahrheiten. So oft die Wissenschaft den von der Kirche gelehrten Thatsachen und Wahrheiten in irgend einem Punkte zu nahe tritt, zieht die Kirche die Gränzlinie, innerhalb welcher diese Wahrheiten liegen, genau und scharf, und weist die wissenschaftliche Forschung mit der einfachen Erklärung zurück, daß sie nicht das Rechte getroffen habe. Eine Verurtheilung des F o r s c h e r s selbst folgt erst, wenn er trotzig den Irrthum festhält, also b ö s e n W i l l e n zeigt.

Wer aber mit seinen der Offenbarung widersprechenden wissenschaftlichen Behauptungen von der Kirche zurückgewiesen worden ist, dem ist damit noch nicht im Mindesten das Recht der freien Forschung benommen, so wenig als wenn irgend ein Forscher seine Ansichten mit wissenschaftlichen Gründen als irrige widerlegt hätte. Er darf nun auf dem Gebiete der Wissenschaft forschen, wie er es den wissenschaftlichen Gesetzen angemessen findet; nur muß er, wenn er wieder in das Gebiet der kirchlichen Offenbarungsthatsachen hinüberstreift, behutsam genug sein, nicht abermals gegen dieselben zu verstoßen. Kurz, die Kirche bestimmt weder, noch beengt sie die Bewegungen der Wissenschaft, außer wenn diese die Offenbarungswahrheiten berührt. Nur wo dieses der Fall ist, verlangt sie unbedingt Anerkennung dieser Wahrheiten Seitens der Wissenschaft.

Hiemit sind wir nun an einem anderen Punkte unserer Untersuchung angelangt, der eine nähere und genauere Würdigung verdient. Sehr häufig nämlich behandelt die sogenannte freie wissenschaftliche Forschung die kirchliche Doctrin wie irgend eine andere wissenschaftliche Theorie, die man ohne Umstände in das Prokrustesbett irgendwelcher wissenschaftlicher Gesichtspunkte einzwängen könne. Dieses ist aber eine grundfalsche Voraussetzung. Die kirchliche Doctrin ist ein System von Thatsachen und zwar so engverbundenen und großartigen Thatsachen, daß keine einzige derselben durch irgendwelche von außen her gegen sie gerichtete naturwissenschaftliche oder philosophische Reflexionen umgestoßen werden kann. So wenig naturwissenschaftliche Fragen durch kirchliche Entscheidungen entwickelt, demonstrirt und gelöst werden können, so wenig können Thatsachen der Offenbarung durch naturwissenschaftliche und philosophische Gründe entschieden oder gar umgestoßen werden. Die menschliche Vernunft kann die Offenbarung prüfen, ob sie nicht vernunft- oder naturwidrig sei, aber sie darf dieß nicht in dem Sinne thun, daß sie dabei die Offenbarung den Naturgesetzen oder der menschlichen Vernunft unterordnet oder sie nach deren Principien beschränkt. Die Vernunft hat bloß das Recht zu prüfen, ob die ihren eigenen Principien gemäß aufgefaßte und weder durch naturwissenschaftliche noch durch philosophische Anschauungen alterirte Offenbarungslehre mit der Vernunft übereinstimme oder nicht.

Immer noch belieben manche deutsche und auch ausländische Gelehrte, die Kirche gewohntermaßen durch die Brille ihrer Phantasmagorien für eine Art wissenschaftliches oder dichterisches System zu halten, über das sie frischweg aburtheilen, wie ein Schauspieler wirkliche Berge nach denen beurtheilt, die auf den Coulissen des Theaters gemalt sind. Solche Herren bilden sich ihr System aus Reflexionen über die Natur oder aus metaphysischen Speculationen. Diesem System erobern und unterwerfen sie dann, sobald es vollständig formulirt und in sich abgerundet ist, die ganze Welt, indem sie Allem, was ihrem Denken in den Wurf kommt, sofort eine Auffassung geben, wie es ihre Art zu denken, wie es ihr System fordert. Sie uniformiren die Dinge.

Da werden sie dann zufällig im Verlaufe dieses Uniformirungsgeschäftes auch auf die katholische Lehre aufmerksam. Sie erscheint ihnen interessant genug, auch sie in die Livree ihres Systems, in die Uniform ihrer Weltanschauung zu stecken. Das gelingt nun aber Keinem. Da aber Keiner der allwissenden Gelehrten an der Alles bezwingenden Macht seines Systemes zweifeln zu können glaubt, so erklären sie die unbezwingbare katholische Lehre entweder für ein leeres Phantom und für Aberglauben, oder aber sie nehmen irgend einen falschen Schattenriß von derselben ab, der nach ihren Begriffen gebildet ist, und erklären laut vor aller Welt, das, was sie jetzt aufgestellt hätten, sei das eigentlich Wahre von der katholischen Kirche, und was man sonst dafür aus=

gebe, sei ein abgestandener, vernunftloser Ultramontanismus!

In solcher Weise hat man bisher die Resultate der wissenschaftlichen, namentlich der naturwissenschaftlichen Forschung in Deutschland und auch anderswo gegen die katholische Lehre geltend zu machen gesucht. Die Forschung hat in ihren bisherigen Untersuchungen nicht einmal so viel Ernst und Gerechtigkeit gegen dieselbe gehabt, daß sie es für nöthig gehalten hätte, sich gründlich über ihr wahres Wesen zu unterrichten. Wenn der Wissenschaft, die sich jetzt immer noch ferne von der Kirche hält, einmal die Augen aufgehen werden, so daß sie die Kirche in ihrer ganzen großartigen historischen Bedeutung erkennen kann, wird es ihr selbst am Unbegreiflichsten vorkommen, wie sie dieselbe so lange und so gänzlich habe mißachten und in dieser ihrer historischen Bedeutung übersehen können. Denn die Kirche ist nicht bloß insoferne historisch, als sich ihre Entstehung auf wirkliche, einmal vorgekommene Thatsachen stützt, sie ist auch seit ihrem Bestehen fortwährend ein lebendiger, mit eigenthümlichen Kräften und Mitteln und für einen ganz bestimmten Zweck wirkender historischer Organismus.

Was sie darum ist und sein dürfe und wie sie aufgefaßt werden müsse, kann nicht etwa durch die Chemie bestimmt, kann nicht nach den Resultaten der chemischen, physikalischen, astronomischen oder anatomischen Forschung bemessen werden. So wenig die Chemie nach ihren Resultaten die Forschungen der Anatomie oder der Astronomie bestimmen kann, so wenig kann sie die Lehre der Kirche nach denselben bestimmen; ja noch viel weniger. Denn eine naturwissenschaftliche Disciplin kann über die andere auch von ihrem Standpunkte aus noch manches ganz Richtige sagen, da alle naturwissenschaftlichen Disciplinen denselben Gegenstand, nur in verschiedener Art und von verschiedenen Seiten zu behandeln haben. Die Kirche dagegen ragt weit über jede naturwissenschaftliche Disciplin hinaus und trägt Vieles in sich, wofür keine derselben auch nur annähernd einen wissenschaftlichen Maßstab hat.

Selbst die Philosophie, so sehr ihre allgemeinen wissenschaftlichen Bestimmungen in alle Gebiete des Seins und des Denkens hineinragen, kann und darf doch über die Kirche nicht nach diesen allgemeinen Bestimmungen urtheilen und entscheiden. Darf doch die Philosophie dies nicht einmal gegenüber der Natur thun; sondern ehe sie dieselbe ihren allgemeinen Gesichtspunkten unterordnet, muß sie dieselbe in ihrer ganzen Wirklichkeit anerkennen. Sie hat durchaus nicht das Recht noch die Fähigkeit, aus ihren allgemeinen Begriffen die Natur und deren Gesetze abzuleiten. Sie muß vielmehr, wenn sie diese ihre allgemeinen Bestimmungen über die Natur zur Geltung bringen will, alle concreten Bestimmungen und Gesetze der Natur anerkennen. Die Natur erkennt durchaus keine **absolute Herrschaft** der Philosophie an, sie **weiß nichts von einer absoluten philosophischen Herrscherin**. Sie erhebt keinen Widerspruch gegen die **allgemeinen** philosophischen Principien, sie unterwirft sich den obersten Gesetzen des Denkens und den höchsten Gesichtspunkten des Seins, welche die Philosophie aufstellt; sie will kein Gesetz haben, das der Philosophie und der Vernunft widerspricht, das also unvernünftig wäre; insoferne also erkennt sie die Philosophie an; — aber die Philosophie muß dafür auch *sie in ihrer ganzen unverkümmerten* **Wirklichkeit** anerkennen.

Wird nun die Philosophie, welche selbst über die Naturwissenschaften nur als constitutionelle Königin herrschen darf, über die kirchliche Lehre als absolute gebieten und entscheiden dürfen? Gewiß nicht, und gewiß so lange nicht, als der oben näher bestimmte historische Charakter der Kirche und der Kirchenlehre nicht widerlegt ist. Die Kirche ist ihrer historischen und wirklichen Einrichtung gemäß eine göttliche Anstalt, mit von Gott selbst geoffenbarten Wahrheiten, mit einem von Gott selbst eingesetzten Schiedsgerichte über diese Wahrheiten. So lange nicht durch unwiderlegliche Gründe nachgewiesen ist, daß der Kirche die obige göttliche Einrichtung und Wahrheit nicht rechtlich zukomme, so lange kann sie keine Schiedsrichterin über sich anerkennen, auch die Philosophie nicht. Ja noch mehr! Da die Wahrheiten der Kirche nicht bloß unmittelbar von Gott kommen, sondern da auch ihre Auslegung in der Kirche durch den Geist Gottes geleitet wird, also immer unfehlbar richtig ist, so hat dieselbe immer eine unumstößliche Sicherheit und Autorität. Eine solche hat aber die Philosophie nicht. Ihre Lehren sind zwar Aussprüche der menschlichen Vernunft, die von Gott geschaffen und befähigt ist, das Wahre zu erkennen, aber nicht alle Aussprüche der menschlichen Vernunft sind darum schon wahr und richtig; die Vernunft kann auch irren und alle Philosophen haben geirrt. Jene Philosophie, welche der vollkommene unverfälschte Ausdruck der menschlichen Vernunft und die ganz richtige Erkenntniß der Natur wäre, existirt bis jetzt nirgends. Wenn sie existirte, so würde sie sicher in nichts der kirchlichen Lehre widersprechen, aber über dieselbe herrschen könnte auch sie nicht. Denn das Gebiet der kirchlichen Wahrheiten liegt ja meistens im Uebernatürlichen. Nun kann die Vernunft freilich das Uebernatürliche nicht begreifen, aber sie kann doch seine Uebereinstimmung mit ihren eigenen Principien erkennen. Das Recht der **Entscheidung** über das Uebernatürliche kommt jedoch durchaus nicht der Vernunft und ihren Principien, sondern nur der Offenbarungsautorität zu.

Wer herrschen will, muß **über** dem Gegenstande stehen, den er beherrschen will. Es wird darum umgekehrt die kirchliche Lehre und Wahrheit, weil sie **sicherer** ist als die Lehre der Philosophie und weil sie unbedingt höher steht als diese, über die Philosophie herrschen. Doch auch die Herrschaft der Kirchenlehre über die Philosophie wird keine absolute, sondern ebenfalls wieder eine constitutionelle sein. Die Kirchenlehre schreibt der Philosophie nie vor, was sie auf ihrem Gebiete zu erkennen und mit ihrer Forschung zu finden habe, sondern sie erkennt dieselbe im vollen Umfange aller ihrer Rechte an und gestattet ihr auch, alle ihre **innern Angelegenheiten** ganz nach eigener Befugniß zu ordnen und zu regeln, wenn sie auch nicht alle ihre Verfügungen, da sie ja oft auch in natürlichen Dingen irrig sind, billigen kann. Aber wo die Philosophie entweder direct, oder in den Consequenzen ihrer Behauptungen die ausgemachten und sicheren Thatsachen der Offenbarung berührt, muß sie sich dem Urtheile der

Kirche unterwerfen. Die Thatsachen der Natur, die Gesetze der Vernunft sind wohl da, aber noch nicht vollkommen erkannt, nicht sicher ausgemacht, über sie darf darum die Philosophie mit dem constitutionellen Rechte ihrer Herrschaft auch ihre Untersuchung frei ausüben. Die Thatsachen der Offenbarung aber sind göttlich und mit der höchsten Sicherheit ausgemacht, sie müssen darum auch in ihrer ganzen Consequenz anerkannt werden. Die Philosophie hat zwar das Recht, sich von den Gründen dieser Sicherheit der Offenbarung zu überzeugen und dieselben vernunftgemäß zu prüfen, aber nur um sie, sobald ihre Wahrheit erkannt ist, in ihrer ganzen Objectivität anzunehmen, nicht um sie ihren Anschauungen unterzuordnen oder nach denselben zu appretiren.

Wenn nun die Philosophie, welche das Recht einer Königin über die Naturwissenschaften hat, sich vor der kirchlichen Lehre in ihrer historischen Größe, in ihrer göttlichen Würde und Autorität beugen muß, um wie viel mehr die Naturwissenschaft! Diese bedarf, um aus ihren Beobachtungen der Thatsachen und Gesetze der Natur die allgemeinen, wissenschaftlichen Ergebnisse zu gewinnen, überall der philosophischen Gedankenvermittlung. Ohne Philosophie, ohne logische Schlüsse, ohne allgemeine Begriffe ist die Naturwissenschaft einem reichbeladenen Wagen gleich, der sich nicht fortbewegen kann, weil er keine Bespannung hat. Was nützt eine noch so hoch aufgethürmte Last von Beobachtungen, wenn keine Schlüsse daraus gezogen werden können. Und dies kann ich nicht, ohne zuvor allgemeine Gesichtspunkte gewonnen zu haben, unter welche ich die Thatsachen bringe.

Diese allgemeinen Gesichtspunkte aber, diese **philosophischen** Ansichten der Naturwissenschaft können falsch sein, ja sie sind es sogar sehr häufig. Denn es sind ja nicht mehr Thatsachen der Natur, sondern menschliche **Erklärungen** von solchen Thatsachen, menschliche **Urtheile** über dieselben. Und Menschen können etwas falsch erklären, unrichtige Urtheile über etwas aussprechen. Die Naturforscher selbst haben sich, wie schon bemerkt, am Eifrigsten bemüht, sich gegenseitig nachzuweisen, wie sehr sie in der Erklärung von Thatsachen geirrt, und auf welche verkehrte, der Wirklichkeit oft geradezu widersprechende Resultate sie gekommen sind.

Wer die Geschichte der Naturwissenschaft verfolgt, wird finden, daß die ersten Erklärungen, welche sie über neu in's Auge gefaßte und beobachtete Thatsachen zu geben suchte, fast jedesmal falsch und verkehrt oder mindestens höchst mangelhaft gewesen sind. Oft sind auch die Thatsachen noch nicht gehörig erforscht und noch nicht sicher festgestellt, und dann haben die darauf gebauten Schlüsse eine um so geringere Sicherheit.

Was folgt aber hieraus? — Einfach dieses, daß die sogenannten „Resultate der Naturwissenschaft," die man so häufig und so gerne als **Angriffstruppen** gegen die kirchlichen Dogmen in's Feld schickt, bei **näherer Besichtigung immer nur höchst phantastisch ausstaffirte Drohmännchen sind**, deren sich die Naturwissenschaft gewöhnlich nach Verlauf einiger Jahre selbst zu schämen hat.

Wir erinnern hier nur an die lächerlichen Hypothesen, welche man ehedem über das Geschlecht der Affen aufstellte, wie man bald die Menschen für veredelte Affen, bald wieder umgekehrt die Affen für verwilderte Menschen ausgab. Ferner erinnern wir noch daran, wie man sich mit einem fast blödsinnigen Scharfsinn bemühte, den Menschen nur für ein edleres Thier, ohne unsterbliche Seele gelten zu lassen. Es waren dieß auch einmal Resultate der Naturwissenschaft, und sie galten zur Zeit, als man noch darin verfangen war, für ganz unumstößliche Resultate der „exacten" Forschung, vor denen die kirchlichen Dogmen von der Unsterblichkeit der Seele, von der Gottähnlichkeit und von der höheren Bestimmung des Menschen unbedingt hätten weichen sollen! Jetzt schämt sich die Naturwissenschaft selbst dieser Resultate von Ehedem.

Nehmen wir ein anderes Beispiel, **die Einheit des Menschengeschlechtes** ihrer Abstammung nach, welche ebenfalls von der neuern Naturwissenschaft längere Zeit mit der größten Entschiedenheit bekämpft wurde. Gerade in dieser Frage zeigt es sich recht klar, daß die Kirche ihr Recht, die Thatsachen der Natur vom Standpunkte der Offenbarung in's rechte Licht zu stellen, durchaus nicht aufgeben kann, wenn sie nicht auch die Thatsachen der Erlösung in ein ganz schiefes und falsches Licht, oder aber gar in völliges Dunkel bringen lassen will. Denn hat die Naturwissenschaft das Recht zu behaupten, daß das Menschengeschlecht seiner Abstammung nach nicht **eines** sei, so hat die Kirche nicht mehr das Recht zu lehren, daß **alle** Menschen unter der ersten Sünde begriffen sind. Die Lehre von der Erbsünde fällt also weg. Damit fällt aber auch die Lehre von der Erlösung des Menschengeschlechtes und auch die Lehre von der einen und allgemeinen Kirche weg. Ist die Menschheit nicht ihrer Abstammung nach **eine**, so hat es gar keinen Sinn, daß sie einer und derselben Erlösungs- und Heiligungsanstalt, einer und derselben Kirche angehören, einen und denselben Glauben haben soll. Die eine

Kirche beruht ebensosehr auf der Thatsache, daß die Menschheit nur eine ist, als auf der, daß es nur einen Gott gibt. Darf also die Naturwissenschaft die Einheit der Menschheit läugnen, so darf sie auch den Bestand, wenigstens den auf Wahrheit gegründeten Bestand der Kirche läugnen.

Aber, sagt man, die Wissenschaft darf läugnen und behaupten, was sie vor dem Richterstuhle der Vernunft verantworten kann, vor dem Richterstuhle der Kirche aber kann sie gar nicht zur Verantwortung gezogen werden.

Darauf entgegnen wir: wie kann es aber die Wissenschaft vor dem Richterstuhle der Vernunft verantworten, daß sie die Thatsachen der kirchlichen Offenbarungslehre einfach und schlechtweg ignorirt und dann doch thut, als ob sie dieselben gründlich widerlegt hätte? Ist dieses auch nur irgendwie noch vernünftig? Es ist wohl wahr, man kann im praktischen Leben so thun, als ob die christliche Sitten- und Glaubenslehre nicht existirte, aber die üble Folge davon bleibt nicht aus. Wer es thut, wird sicher sittlich verkommen, wie eine Pflanze, der das Licht und der gute Boden fehlt.

Ganz so ergeht es der Wissenschaft, wenn sie jene Dogmen der Kirche ignorirt, ohne welche die Thatsachen der Natur sich nicht erklären lassen. Sie wird bald ohne jeden festen und sicheren Anhaltspunkt und ohne jede klare Aussicht, wohin sie ihre Gedanken wenden soll, dastehen.

Ein Schiff kann auf dem hohen Meere die Leuchtthürme entbehren, wenn es aber dem Ufer naht, oder wenn sonstwie Felsen in der Wasserstraße auftragen, so kommt es ohne Leuchtthürme in Gefahr zu zerschellen. Ebenso die Wissenschaft. So lange sie ganz in ihrem eigenen Gebiete bleibt, so lange sie das Dogma gar nicht berührt, bedarf sie auch nur der Gesetze der Wissenschaft zu ihrer Lenkung, **sobald sie aber den Felsen der Dogmen und dem Ufer der sichern unverrückbaren kirchlichen Wahrheiten naht**, muß sie sich von dem Lichte das von den Höhen dieser Wahrheiten auf das Meer der Wissenschaft hinausstrahlt, zurechtweisen lassen, sonst zerschellt sie ganz unfehlbar. Die Wissenschaft bedarf also der kirchlichen Oberaufsicht.

Wir haben dieß eben an der Frage über die Einheit des Menschengeschlechtes erlebt. Von dem Momente an, als die Wissenschaft das diese Frage so klar beleuchtende kirchliche Dogma aus dem Auge ließ, wurde sie sofort in das Fahrwasser der seichtesten Speculation hineingetrieben. Als ob sie gar kein Verständniß mehr dafür hätte, in was eigentlich die Tiefe und die Bedeutung der menschlichen Natur liege, suchte sie dieselbe im Alleroberflächlichsten. Die Verschiedenheit der Hautfarbe, des Schädelbaues, des Haarwuchses u. dgl. bei den sogenannten einzelnen Menschenracen, schienen der von dem Gesichtspunkte des Glaubens ganz absehenden Wissenschaft hinreichende Gründe zu sein, um daraufhin die Einheit des Menschengeschlechtes zu läugnen. Auf die durch die kirchliche Glaubenslehre so sehr in's Licht gestellten, ganz unwiderleglichen Gründe für die Einheit des Menschengeschlechtes nahm man gar keine Rücksicht mehr; man übersah sie von dem neuen wissenschaftlichen Standpunkte aus. Man übersah vollständig die **Gleichheit der Geistesnatur** bei den verschiedenen Racen, die **Gleichheit der Denk- und Sprachgesetze** in ihren wesentlichen und Grundbestimmungen, die **Uebereinstimmung in der innersten Beziehung des Gefühls- und Seelenlebens**, ja sogar die wesentliche **Gleichheit des körperlichen Organismus** bei den Menschen der verschiedenen Racen. Auch darauf nahm man keine Rücksicht mehr, daß sich die verschiedenen Racen mit einander vermischen können und daß durch diese Vermischung auch die äußerlichen Verschiedenheiten allmälig wieder verschwinden, ein Beweis, daß sie auch gewiß erst allmälig hervorgetreten sind. Sogar dadurch ließ man sich nicht eines Besseren belehren, daß das Klima unter den verschiedenen Zonen, wenn auch allmälig, aber doch sehr consequent ebensolche Veränderungen erzeuge, auf welche man die Verschiedenheit der Abstammung des Menschengeschlechtes zu gründen versucht hat.

Kurz die Naturwissenschaft verlor, indem sie die bestimmenden Richtpunkte der kirchlichen Dogmen aus den Augen ließ, vollständig jedes tiefere Verständniß in der obigen Frage, und bestritt auf die alleroberflächlichsten Gründe hin die tiefste und großartigste Wahrheit. Denn in der That, wenn wir die Gründe für und gegen die Einheit des Menschengeschlechtes gegen einander abwägen, so verhalten sich die letzteren zu den ersteren etwa so, wie sich die einzelnen überragenden Gebirge und Gebirgszüge der Erde zur runden Gestalt der ganzen Erdmasse verhalten. So wenig die runde Gestalt der Erde wegen der Erhöhungen der Berge geläugnet werden kann, die im Verhältniß zum Ganzen ihrer Masse wirklich verschwinden, ebensowenig kann die Einheit des Menschengeschlechtes auf Grund jener oberflächlichen Racenverschiedenheiten geläugnet werden, welche gegenüber den für die Einheit des Menschengeschlechtes sprechenden Gründen wahrhaft auf Nichts herabsinken.

Die Wissenschaft kann also nicht ungestraft die Thatsachen der Offenbarung übersehen und unbeachtet lassen, wenn sie auf dem Wege ihrer Untersuchungen mit derselben irgendwie in Berührung kommt. Indem sie von einer höheren Wahrheit abweicht und derselben sogar widerspricht, verläßt sie auch den Weg der ächten Forschung, der ja immer nur mit der Wahrheit geht. Nicht damit die Wissenschaft ihre Wege verlassen und ihre Selbstständigkeit im Forschen verlieren solle, wird sie auf die Wegweiser des Glaubens hingewiesen, sondern damit sie nicht vom rechten Weg abkomme und sich von Verirrungen frei erhalte.

Wo und soweit die Wissenschaft dies aus sich allein vermag, und wo ein Irrthum keine weiteren gefährlichen Folgen hat, da überläßt die Kirche die Wissenschaft auch ganz sich selbst. Ja noch mehr, die Kirche erkennt die wirklichen Leistungen der Wissenschaft in ihrem Gebiete mit der größten Bereitwilligkeit und Freude an, nur läßt sie sich von derselben nicht in das Gebiet ihrer Offenbarungswahrheiten hereinreden, noch dieselben irgendwie angreifen.

Um übrigens das Unvermögen der Naturwissenschaft, über Offenbarungswahrheiten zu entscheiden, noch anschaulicher zu zeigen, wollen wir jetzt in den Gesichtskreis einiger naturwissenschaftlichen Disciplinen etwas näher eingehen.

IX. Die Resultate der Naturwissenschaft und ihr Verhältniß zur kirchlichen Offenbarungswahrheit im Besonderen.

Ein berühmter Astronom der neueren Zeit (Laplace) hat sich im wissenschaftlichen Uebermuthe zu der frevelhaften Aeußerung hinreißen lassen, "er habe den ganzen Himmelsraum durchforscht und doch Gott nicht gefunden."

Diese Aeußerung ist in zweifacher Hinsicht sehr bemerkenswerth. Erstens zeigt sie uns den engherzigen Standpunkt, den die der Offenbarung feindlich gesinnten Vertreter der neueren Naturwissenschaft einnehmen, zweitens zeigt sie, mit welcher Anmaßung diese Wissenschaft der Offenbarung gegenübertritt, indem sie von diesem ihrem engherzigen Standpunkte aus über Gott und göttliche Dinge mit kecker Miene abzuurtheilen sich untersteht.

Wenn ein Astronom den Himmelsraum mit dem Fernrohr untersucht, um die Bewegung und die Gesetze der Sternenwelt zu beobachten und zu berechnen, so ist es ganz natürlich, daß er über dieser Beschäftigung Gott nicht findet. Denn Gott wird nicht durch das Fernrohr gesehen, er wird nicht als irgend eine bewegende Kraft beobachtet, er wird nicht als ein bestimmtes Grundgesetz "der himmlischen Mechanik" herausgerechnet, eben weil

Er ist. Könnte man ihn durch das Fernrohr sehen, durch unsere Sinne beobachten, durch unseren Verstand berechnen, dann wäre Er nicht, dann könnte er ungestraft geläugnet werden, er wäre dann bloß eine Grundkraft, ein Grundgesetz der Welt.

Um Gott zu erkennen, muß der Astronom von dem herrlichen Anblick, den ihm das Fernrohr bietet, von dem Reichthum und der Weisheit der Gesetze, die er im Weltenraum beobachtet und berechnet, aufwärts schauen nach dem Urheber und nach dem Erhalter von Allem dem, was er sieht und beobachtet. Denn Gott ist nicht eines von den Dingen, die da sind, er wird also nicht mit dem Auge gesehen, mit dem man die Dinge sieht, noch auf dem Wege erkannt, auf dem man die Dinge erkennt. Er ist der Grund der Dinge, die da sind, und wird darum nur erkannt mit dem geistigen Auge der Vernunft, welches über die Dinge hinaussieht, auf deren Grund und Urheber, kurz auf deren Schöpfer.

Wer den Sternenhimmel bloß ansieht, wie er ist, erkennt Gott nicht in demselben, eben weil Gott nicht der Sternenhimmel, noch ein Theil desselben ist. Wer aber den Sternenhimmel in seinem großartigen und wundervollen Baue erkannt hat und nun nicht absichtlich das Auge seiner Vernunft auf das geheftet sein läßt, wie dieser Bau wirklich ein gerichtet ist, sondern nur einen Schritt weiter geht, um zu fragen, woher denn seine Einrichtung komme und wer sie erhalte, der muß Gott sehen, der blickt ihm gleichsam in's Antlitz.

Gerade das Firmament ist es, welches mit leuchtenden Schriftzügen das Dasein Gottes so deutlich verkündet. Wenn aber freilich Jemand glaubt, die Betrachtung und Beobachtung des Sternenhimmels müsse ihn Gott selbst sehen lassen, und er könne nicht sein, wenn er ihn so nicht sehe, so ist ein solcher sehr im Irrthum. Er ist einem Menschen gleich, dem man das schön geschriebene Manuscript eines meisterhaften Gedichtes vorlegt, der aber anstatt das Gedicht selbst zu lesen und so den tiefen Sinn und die reiche Empfindung, die in den Worten liegt, herauszufinden, bloß die schönen und regelmäßigen Schriftzüge und den gelungenen Versbau des Manuscriptes bewundert.

Wenn dieser sagen wollte, er habe das Gedicht, von dem Alle voller Bewunderung sind, auch genau kennen zu lernen gesucht, ja er habe Buchstabe für Buchstabe und Versfuß für Versfuß angesehen und geprüft und könne darüber viel besser urtheilen, als alle Anderen, und er müsse nun sagen, daß von allen den Gedanken und Empfindungen und von dem tiefen Sinn, den Andere in dem Gedicht gefunden haben wollten, gar nichts in demselben zu finden sei, so urtheilt er darin eben als ein Unvernünftiger. Er hat freilich nichts als Buchstaben finden können, einfach weil er das Gedicht nicht gelesen, sondern bloß die Buchstaben angesehen und bloß die Versfüße gemessen hat. Wenn er aber deßhalb behaupten will, es sei gar nicht möglich, in dem Gedichte etwas Anderes zu finden als Buchstaben, so gibt er damit nur einen Beweis seiner Anmaßung und Beschränktheit.

Aber trifft der nämliche Vorwurf nicht auch die Astronomie, wenn sie, nur bestrebt die Sternenwelt und ihre Gesetze zu beobachten und zu berechnen, gar keine Rücksicht darauf nimmt, wie sich in allem Diesem das Dasein Gottes offenbart, und dann doch mit wichtig thuender Miene darüber abzuurtheilen und den verwegenen Zweifel auszusprechen wagt, daß diese Wahrheit auf sehr schwachen Füßen stehen müsse, weil sie sich nicht mit mathematischen Formeln darlegen lasse?

Wir haben uns nur allzusehr daran gewöhnt, uns solchen Uebermuth gefallen zu lassen; ja wir haben uns sogar lange Zeit von ihm imponiren lassen, ohne die Ironie, mit welcher dieser Uebermuth der Wissenschaft seiner selbst spottet, kräftig und entschieden genug gegen ihn selbst zu lehren.

Doch wenden wir uns zu einem anderen Zweige der Naturwissenschaft.

Ein vielgenannter und vielberühmter Anatom unserer Tage pflegte, früher wenigstens, alljährlich vor seinen Zuhörern in Form eines Kathedertwitzes die Aeußerung zu wiederholen: er habe nun bereits eine ungemein große Zahl von menschlichen Cadavern secirt, aber noch in keinem derselben etwas von der Seele gefunden.

Man sieht es der ganzen Form dieses plumpen und stumpfsinnigen „Witzes" an, daß er dem oben angeführten frivolen Worte des Laplace nachgebildet und nur von dem Gebiete der Astronomie auf das der Anatomie übertragen ist. Plump und stumpfsinnig aber nennen wir diesen Witz, weil er einen Einwurf gegen die Existenz und Unsterblichkeit der Seele daraus erheben will, daß sie sich nicht durch das Messer der Anatomie aus dem todten Körper herausschneiden läßt. Denn wäre es in der That möglich, die Seele mit dem Messer der Anatomie aufzufinden, dann wäre sie eben etwas Körperliches und nichts Geistiges und dann könnte ihre Existenz und Unsterblichkeit freilich geläugnet werden.

Eine **gewissenhafte und ernste** Forschung wird

allerdings auch mit den Mitteln der Anatomie sehr starke Beweise für das Dasein der Seele und für ihre Geistigkeit zu führen im Stande sein. Wer nämlich den wunderbaren Bau des menschlichen Körpers, in dem die Seele wohnt und in dessen Organen sie ihre Thätigkeit ausübt, bis in seine einzelnen Theile untersucht und in seiner sinnvollen und zweckmäßigen Bedeutung erkannt hat, muß vernünftiger Weise zugestehen, daß das Wesen, welches diesen so vollkommen construirten Organismus zu beleben, zu gebrauchen und zu regieren bestimmt ist, nur ein selbstbewußter vernünftiger Geist sein könne. So viel klare überlegte Gedankenthätigkeit setzt die Anlage des Körpers in der sie bewohnenden Seele voraus.

Es kann also auf Grund einer den menschlichen Körper in seiner tiefsinnigen Anlage und Bedeutung erkennenden Anatomie ein Schluß auf das Dasein der Seele und auf ihre Unsterblichkeit gemacht werden. Die Anatomie selbst findet aber damit auf dem Wege ihrer Forschung noch nicht die Seele, sondern nur die deutlichsten Anhaltspunkte und Beweise, **aus welchen die Vernunft, das philosophische Denken, das Dasein der Seele schließen kann.** Sie leistet also für die Erkenntniß der Unsterblichkeit der Seele das, was die Grammatik und die Kritik für das Verständniß eines Gedichtes leisten.

Durch die Grammatik und die Kritik wird das sinnreiche Verständniß des poetischen Inhaltes, der Seele, eines poetischen Kunstwerkes vorbereitet und angebahnt, aber noch nicht wirklich erreicht. Die lebendige Auffassung der Seele, das Fühlen und Sinnen, das geistige Bilden derselben ist es, welche in das Gedicht eindringen und dessen Gefühle, dessen tieferen Sinn und dessen gedankenreiche Bilder zu verstehen suchen müssen.

Ganz ebenso ist es auch mit der wundervollen Schöpfung Gottes, mit dem Menschen. Indem er aus einer lebendigen, denkenden und geistig schaffenden Seele und aus einem ihr angebildeten, sie lebens- und sinnvoll aussprechenden und ausdrückenden Körper besteht, ist er gleichsam ein Gedicht Gottes, von dem unsere menschlichen Gedichte nur schwache, todte Reflexe bilden. Der Körper ist der äußere Ausdruck, die wahrnehmbare Form, die Sprache, in welche Gott das von ihm und nach seinem Ebenbilde geschaffene Lebensprincip, die Seele, eingehaucht hat. So wenig ich nun aus einem Gedichte durch die Auflösung der Worte in Sylben den Sinn herausfinde, sondern nur, indem ich durch mein zusammenfassendes geistiges Verständniß den in den Worten ausgesprochenen Geist des Gedichtes herauslese, ebensowenig kann ich den Geist eines Menschen dadurch finden, daß ich dessen Körper bis in die kleinsten Gliedmaßen auseinanderschneide. Nur der Geist des Menschen erkennt wieder den Geist; nur er ist im Stande, ihn in der körperlichen Hülle zu finden, nicht das Messer der Anatomie. Es leistet für die Erkenntniß der Seele eben nur das, was die grammatische Analyse für das Verständniß eines Gedichtes leistet.

Wir sind damit durchaus nicht der Ansicht, daß die Wissenschaft der Anatomie keinen Werth für die Psychologie habe und wir meinen durchaus nicht, daß man dieselbe unterschätzen, sondern nur daß sie selbst sich nicht überschätzen und nicht über Dinge aburtheilen solle, über die sie von ihrem engen Gesichtskreis aus gar nicht endgültig urtheilen kann.

Wer sich im voraus einen so engen Gesichtskreis wählt und dann doch die Anmaßung hat, das, was er auf demselben gar nicht erkennen und sehen kann, zu bezweifeln, der verdient wahrhaft unseren Unwillen, ja unsere Verachtung.

Da geht ein Mensch neben dir durch das Leben, welchen du bis in sein Innerstes kennst. Du weißt wie tief und fein er denkt und wie groß er fühlt. Als ob er gar keinen Körper hätte, so leicht schwingt er sich auf in das Reich der Ideen, in das Gebiet des Geistes, das hoch über dem Körperlichen liegt; als ob er alles Sinnliche abgestreift hätte, so rein, so edel, so hochherzig ist sein Gefühl. Hat er seinen Willen für irgend einen großen Zweck eingesetzt, dann ist derselbe so stark und mächtig, daß alle Himmelskörper, wenn man sie ihm entgegenwälzen könnte, ihn nicht aus seiner Bahn zu bringen vermöchten. Da zuckt er plötzlich, vom Schlagflusse getroffen, zusammen und sinkt todt zu Boden. Eine fremde, unheimliche, selbst dem theuersten Freunde Scheu einflößende, ohnmächtige Masse liegt nun vor uns da. Ganz unwillkürlich erschaudern wir vor ihr. Von allem Dem, was uns eben noch so groß und herrlich aus diesem Körper entgegentrat, ist nichts mehr vorhanden; Alles, was uns aus demselben so liebevoll und verständnißinnig anblickte, ist fort und verschwunden.

Wo ist es nun? —

Da tritt der obengenannte Anatom vor den Körper hin, und zerlegt ihn nach allen seinen Theilen; und hat er dieß gethan, dann stellt er sich mit wichtig blickender gelehrter Miene vor uns und verkündet, die daliegenden Fleischmassen seien es gewesen, welche all' das Bewundernswerthe und Hohe, das wir an unserem Freunde schätzten, bewirkt hätten. Denn eine Seele könne es nicht sein, — weil er von einer solchen in dem Cadaver nichts gefunden habe.

Also, weil er die entschwundene Seele nicht mehr im Körper fand, weil er sie nicht mit dem Messer und nicht im Fleische fand, weil er sie nicht so fand, wie sie überhaupt gar nicht zu finden war, darum existirt sie nicht, und was wir ihr zugeschrieben haben, das muß jetzt eine Wirkung des Fleisches gewesen sein.

Doch wie soll nun aus den Fleischmassen des Körpers die erhabene und heilige Liebe des Menschen, wie seine Demuth, seine Opferwilligkeit, seine Weisheit, seine Willenskraft erklärt werden? Wie erst gar seine heilige Entsagung und Abtödtung, die sich dem Zuge und Triebe des Körperlichen geradezu widersetzt, also unmöglich aus diesem Zuge und Triebe hervorgegangen sein kann? — Wie die Ideen und geistigen Begriffe, welche nicht bloß alles Körperliche und Sinnliche überragen, sondern dasselbe auch ganz entschieden beherrschen. Wenn sie Ausfluß des Körpers wären, so würde ja der Körper sich selbst überragen, würde etwas hervorbringen, was weit höher wäre, als er selbst, und was hoch über ihm stünde.

Wie soll nun das Alles erklärt werden?

Das kümmert den materialistischen Anatomen nicht,

sein Messer findet die Seele nicht, also kann sie nicht sein; es müssen also alle oben genannten höheren Erscheinungen aus dem Körper erklärt werden, wenn dieß auch aller Vernunft widerspricht. — Es lebe die Vernunft, es lebe die freie Wissenschaft!

Eigentlich sollten wir, um das Kleeblatt vollständig zu machen, nun noch einen Chemiker aufführen, der auch auf dem Gebiete seiner Wissenschaft die platte Bemerkung des Laplace wiederholen und etwa sagen müßte: er habe mittels seiner Untersuchung alle Stoffe bis in ihre Elemente zerlegt und auch die Eigenschaften der Elemente noch auf's Genaueste geprüft, habe aber von Gott nichts gefunden, — also sei Gott nicht.

So in's Chemische übersetzt, sieht das Wort des Laplace unsäglich albern aus, und doch hat es auch diese Uebersetzung erfahren, wenn gleich nicht wörtlich, so doch sinngetreu und seinem Inhalte nach. Die materialistische Weltanschauung beruht ja gänzlich auf der Voraussetzung, daß das, was sich nicht durch chemische Zerlegung der Körper vor die sinnliche Wahrnehmung bringen lasse, überhaupt gar nicht sei, daß also Gott nicht sei, weil sich sein Dasein nicht durch die chemische Untersuchung constatiren lasse.

Der Fehlgriff, in Folge dessen die verschiedenen bisher

genannten naturwissenschaftlichen Fächer das Dasein Gottes läugnen, weil sie ihn nicht in der nämlichen Weise und nicht auf demselben Wege erkennen können, wie man die Dinge erkennt, tritt gerade bei der Chemie erst recht plump hervor, weil die richtige Fährte hier so nahe liegt.

Gerade die Chemie, welche im Stande ist, die reichen Goldfäden göttlicher Gedanken, von denen die Dinge durchwoben sind, gleichsam aufzuwinden und die so wunderbar in dieses strahlende Gedankennetz geschlungenen Dinge bis in ihre letzten wahrnehmbaren Theile aufzulösen, gerade sie müßte, wenn sie ihren Blick nur ein wenig von den Dingen aufwärts richten wollte, am Tiefsten in die Fülle der göttlichen Weisheit hineinschauen können. Aber gerade sie hat bisher ihren Blick am wenigsten erheben wollen, ja sie schien bisweilen absichtlich bemüht, jenem Wüstenvogel, dem Strauße gleich, ihr Haupt im Sande zu verbergen, um ja Gottes Dasein und Wirken nicht anerkennen zu müssen. Sie hat bis jetzt fast von allen Wissenschaften die größte Scheu vor dem überall in der Natur so hell aufblitzenden weisen göttlichen Wirken bewiesen und hat sich gewissermaßen angestrengt, alle Erinnerungszeichen an Gott, die in der Natur aufgerichtet sind, zu übersehen.

Doch dürfte, wenn wir unsere Untersuchung noch weiter in's Einzelne fortsetzen wollten, die meisten naturwissenschaftlichen Disciplinen der Vorwurf treffen, daß sie ihren Blick manchmal absichtlich in die engen Gränzen ihrer speciellen Untersuchung eingeschränkt, und dann doch mit fast unglaublicher Leichtfertigkeit diejenigen Wahrheiten geläugnet haben, die sie in solcher Weise gar nicht erkennen konnten.

Daß die Kirche solchen Resultaten oder besser gesagt solcher Resultatlosigkeit der Naturforschung gegenüber einfach und unbedingt die Lehren der positiven Offenbarung festhält, versteht sich von selbst. Schon das natürliche philosophische Denken muß ja das obige Verfahren der Naturwissenschaft verurtheilen. Die Vernunft erträgt Solches nicht, denn es widerspricht den einfachsten und ursprünglichsten Bestimmungen des Denkens. Wer im Thale wohnt, kann nicht die dasselbe umgebenden Berge überschauen; ebensowenig aber können die einzelnen Gebiete der Naturwissenschaft von ihrem engern Horizonte aus die universalen und übernatürlichen Thatsachen und Wahrheiten der Offenbarung endgültig entscheiden.

Aber, sagt man, das will die Naturwissenschaft, wenigstens die besonnene Richtung derselben auch gar nicht.

Sie ist einsichtsvoll genug, zu begreifen, daß von einem untergeordneten Standpunkte aus nicht die Wahrheiten des übergeordneten höheren Standpunktes gerichtet werden können. Nichtsdestoweniger dürfen aber doch die Resultate der Naturwissenschaft von der kirchlichen Autorität nicht übersehen und nicht unbeachtet gelassen werden. Wenn der Naturwissenschaft auch nicht das positive Recht der obersten Entscheidung zukomme, so komme ihr doch wenigstens das negative der Einsprache zu. Die höchsten Thatsachen und Wahrheiten dürften ja doch ebensowenig die untergeordneten verletzen und mit ihnen in Widerspruch treten, als diese über jene abzusprechen und sie nach ihrem engen Maßstabe zu bemessen das Recht hätten. So gut es wahr sei, daß man von einem niederen Standpunkte aus Vieles nicht einsehen und nicht erkennen könne, was man von einem höheren sehr leicht einsehe und begreife, so gut sei es auch wahr, daß was von einem niederen Standpunkte aus als falsch erkannt worden sei, auch von dem höheren Standpunkte aus nicht wahr sein könne. Eine Thatsache, welche durch die exacte Wissenschaft unbezweifelt sicher erwiesen sei, könne weder von Seite der Philosophie noch von Seite der Religion bestritten werden. Die Naturwissenschaft habe also das Recht gegen Behauptungen der Philosophie und gegen

Lehren der Religion zu protestiren, welche im Widerspruch mit Thatsachen der Natur stehen.

Dieser Einwurf verdient, da er wirklich auf einem wahren Gedanken beruht, hier näher beleuchtet zu werden.

Die Thatsachen der Natur, die Erkenntnißgesetze des menschlichen Geistes und die Lehren des Glaubens können sich in nichts widersprechen, weil Gott der Urheber dieser drei Gebiete ist. Daß jedoch in dem einen derselben Wahrheiten enthalten sind, die das andere nicht enthält, haben wir bereits gezeigt. Auch das haben wir schon besprochen, daß nach kirchlicher Anschauung durch keine Lehre der Offenbarung irgend ein Gesetz der Natur aufgehoben werde. Aber damit will die Naturforschung sich nicht zufrieden geben. Einzelne zelotische Anhänger dieser Wissenschaft behaupten von Zeit zu Zeit immer wieder, sie hätten in der Natur Dinge beobachtet und kennen gelernt, welche mit den Glaubenslehren in einem so entschiedenen Widerspruche stünden, daß dieselben offenbar eine Umänderung erfahren müßten, wenn sie vom wissenschaftlichen Standpunkte aus noch haltbar erscheinen wollten. Auch die neuere und neueste Philosophie des Pantheismus hat behauptet, ähnliche Entdeckungen auf dem Gebiete der Logik und Metaphysik gemacht zu haben, vor denen der Glaube weichen müsse. Doch wir haben es hier zunächst mit der Naturforschung zu thun.

Diese nun hat zwar schon oft behauptet, sie habe solche Thatsachen constatirt, welche die Glaubenslehren widerlegten, aber jedesmal waren dieß bei näherer Prüfung bloße Phantasien und leere Meinungen, vor denen ja auch die exacte Wissenschaft, wie wir bereits gezeigt haben, durchaus nicht sicher gestellt ist. Oder aber, wenn die neu entdeckten Dinge wirkliche Thatsachen waren, so standen sie jedesmal nur in einem vermeintlichen Widerspruche mit den Religionswahrheiten. Die Naturwissenschaft hat eben keinen Anspruch auf Unfehlbarkeit. Dieses ist ihr bisher in allen den Fällen factisch bewiesen worden, in welchen sie sich mit ihren Resultaten im Widerspruch mit den Glaubenswahrheiten finden wollte. Die Unfehlbarkeit der Glaubenswahrheiten dagegen, welche sie im Principe zu läugnen bemüht war, ist immer wieder factisch bewiesen und Schritt vor Schritt zur Geltung gebracht worden.

Die Naturwissenschaft sollte darum vor Allem immer erst den unumstößlichen Beweis für die Wirklichkeit und volle Richtigkeit der von ihr behaupteten Thatsachen zu führen suchen. Hat sie dieses gethan und sie glaubt dann einen Widerspruch dieser Thatsachen mit Lehren des Glaubens zu finden, so wäre es ihre weitere Pflicht, genau zu untersuchen, ob dieser Widerspruch in der That vorhanden sei. Um aber diese Untersuchung führen zu können, muß sie auch die Thatsachen und Lehren des Glaubens so zu verstehen und kennen zu lernen suchen, wie dieselben von der Kirche gelehrt und ausgelegt werden. Sie darf nicht einseitig vom Standpunkte der Naturwissenschaft aus einen Widerspruch mit dem Glauben behaupten, den sie selbst bei näherer Kenntniß des Dogma's sicher gar nicht annehmen würde. In allen Fällen, in welchen die Naturwissenschaft bisher einen Widerspruch mit den Glaubenswahrheiten zu behaupten bemüht war, würde es sich immer sofort gezeigt haben, daß dieser Widerspruch gar nicht stattfinde, wenn man nur von Seite der Naturwissenschaft Billigkeit genug gehabt hätte, zuvor den Glauben gehörig kennen zu lernen. Die sogenannten Widersprüche, welche man so häufig zwischen Thatsachen der Natur und Lehren des Glaubens zu finden glaubte, rührten immer daher, daß man in irgend einem Falle entweder die Naturgesetze oder die Glaubenslehren nicht richtig auffaßte.

Wenn man Bilder in ein falsches Licht stellt, welches sie in verzerrtem Ausdrucke erscheinen läßt, ist es ganz natürlich, daß sie das Auge verletzen. Ebenso haben aber auch die Dogmen der Offenbarung erst unter den verzerrten Darstellungen, welche manchmal frivole Naturforscher von ihnen gegeben haben, etwas Unnatürliches und Widersprechendes bekommen. Freilich wurden diese verkehrten Auffassungen der Dogmen nach längeren Mißverständnissen immer wieder beseitigt, allein es war doch eine sehr unerfreuliche Arbeit, stets von Neuem Irrthümer über die Dogmen zurückzuweisen, die in Folge einer so einseitigen und kurzsichtigen Anschauung fast zu sagen absichtlich erfunden waren.

Unzählige Mißverständnisse wären vermieden worden, wenn die Wissenschaft der Autorität des Glaubens gefolgt wäre. Nicht ein einziges Resultat, nicht eine einzige Errungenschaft der Wissenschaft wäre dabei verloren gegangen: die Wissenschaft hätte einfach ihre Forschung nicht nach der Richtung hin ausgedehnt, in der dem Dogma zu Folge die Wahrheit gar nicht liegen konnte. Sie wäre gleich und ohne Umwege auf das rechte Ziel losgegangen. Ihre Selbstständigkeit im Forschen würde sie, indem sie sich dieses Vortheils bedient hätte, durchaus nicht aufgegeben haben. Denn das Dogma gibt uns nicht die schon gemachten Forschungen in die Hand, sondern zeigt uns einzig nur, auf welchem Wege richtig geforscht und wo die Wahrheit gefunden werde.

Solche Fingerzeige zu übersehen und zu verachten, zeugt nicht von Selbstständigkeit, sondern von Eigensinn auf Seite der Wissenschaft, besonders nachdem sie sich bisher consequent davon hat überzeugen müssen, daß sie jedesmal, wo sie dem Glauben widersprochen hat, mit ihrer Forschung auf falscher Fährte war.

Mit dem Muth eines heißspornigen Kämpfers ergriff die Naturwissenschaft bisher fast jede Gelegenheit, die sich ihr darbot, mit dem geoffenbarten Glauben in Fehde zu treten. Fragen über Naturdinge, die noch gar nicht gehörig durchforscht und noch nicht klar gelichtet waren, wurden eckig und widerspruchsvoll, wie man sie zuerst aufgegriffen hatte, ohne Bedenken mit den heiligsten Wahrheiten des Glaubens zusammengehalten **und der Widerspruch dann im Glauben gesucht, statt in der falschen und verwirrten Auffassung der naturwissenschaftlichen Fragen selbst.**

So mußten die ungenügendsten und lächerlichsten Hypothesen der Psychologie, Chemie und Geologie so lange als Sturmböcke gegen die Wahrheiten von der Unsterblichkeit der Seele, von der Schöpfung der Welt und von dem Dasein Gottes herhalten, bis deren Hohlheit und Unwahrheit erkannt wurde, und man sie von selbst wieder aufgab, und zwar gerade nach der Seite hin aufgab, nach welcher sie den Widerspruch mit dem Glauben in sich getragen hatten.

Sobald ein solcher in blinder Leidenschaft unternommener Sturm mißglückt war, zeigte sich jedesmal, daß die Wissenschaft auf ihrem eigenen Haupte den rothen Lappen getragen hatte, vor dem sie sich entsetzt und den sie als ihren Feind im Glauben gesucht und niederzustoßen gestrebt hatte. Wir würden einen eben so unterhaltenden als belehrenden Beitrag zur Geschichte der christlichen Apologetik erhalten, wenn sich Jemand die Mühe geben wollte, die einzelnen Streitigkeiten, welche die Naturforschung bisher mit dem Glauben hatte, einfach so zu erzählen, daß dabei klar würde, wer den Streit angefangen habe, auf welche Mißverständnisse sich derselbe anfänglich immer gestützt und wie er mit der ruhiger und klarer werdenden Wissenschaft immer wieder von selbst aufgehört habe. Ein solcher Nachweis würde gewiß auf's Deutlichste zeigen, daß die Wissenschaft oft solcher unnöthiger Aufregungen überhoben geblieben wäre, wenn sie nicht, statt auf die Wegweiser der Glaubenslehre zu sehen, eigensinnig und auf gut Glück gegen dieselbe losgestürmt hätte.

Es hat etwas wahrhaft Tragisches, wenn man Wahrheiten, welche die Kirche schon so viele Jahrhunderte lang lehrt, von einer Wissenschaft, die den Glauben verachtet, gleich als ob es sich um eine Bagatellsache handelte, nach den ersten oberflächlichen Reflexionen als haltlos und unwahr verworfen sieht. Das Tragische liegt jedoch in diesem eitlen Gebahren der Wissenschaft selbst. Der Glaube aber hat das schönste Zeugniß für seine Tiefe und Göttlichkeit eben darin, daß sich die leichtfertig und oberflächlich verfahrende Wissenschaft immer an ihm stößt.

Die Majestät, mit der sich die Kirche, solchen streitsüchtigen Stürmern gegenüber, von jeher im unerschütterten Besitze ihrer ewigen Wahrheiten behauptet hat, wird gerade darum noch einleuchtender und die Größe der göttlichen Wahrheiten tritt noch sichtbarer hervor, wenn sich die Pygmäenweisheit irgend eines Gelehrten daneben stellt und sich daran mißt. Denn es ist nicht die gottebenbildliche menschliche Vernunft, sondern nur deren unwürdiges Zerrbild, welches solche Anmaßung gegen die göttliche Offenbarung kundgibt.

Jene stolze Appellation an die menschliche Vernunft, mit der die gelehrten Widersacher des Christenthums sich so gerne brüsten, ist nur ein lächerliches Trugspiel, in welchem die Hallucinationen des eigenen verworrenen Denkens für Aussprüche der allgemeinen Menschenvernunft hingestellt werden, ähnlich wie sich exaltirte Demagogen in allen ihren Reden auf das Volk berufen, mit dem Worte: „das Volk will dieß," während doch nur sie oder ein durch sie irregeleiteter Bruchtheil des Volkes das will, was sie wollen.

Wenn darum die Kirche auch manchmal die Resultate von Gelehrten zurückweist, so weist sie damit noch nicht die Aussprüche der menschlichen Vernunft zurück, eben weil kein Gelehrter für sich die menschliche Vernunft repräsentirt. Ob die Ansicht irgend eines Denkers in einem bestimmten Falle wirklich in der menschlichen Vernunft begründet sei, das kann nicht immer sofort mit absoluter Gewißheit bestimmt werden. Die Geschichte der Philosophie und der menschlichen Wissenschaft zeigt uns vielmehr, daß manche sehr tiefgreifende und einflußreiche Ansichten der Wissenschaft von gewissen Vorurtheilen der Zeit und der eben diese Ansichten vertretenden Personen so inficirt gewesen sind, daß nur ein ganz geringer Rest von Wahrheit übrig geblieben ist, nachdem im Verlaufe der Zeit das, was Irrthümliches darin lag, durch den wissenschaftlichen Proceß abgestreift worden war.

Die Wissenschaft kann also nicht verlangen, ihre eigene Geschichte zeigt dies, daß „ihren Resultaten" sofort unbedingt Rechnung getragen werde, da diese Resultate im

Laufe der Zeit oft sehr wechseln. Am wenigsten kann sie dies von Seite der Kirche verlangen, welche eine Welt unwandelbarer göttlicher Thatsachen und Wahrheiten repräsentirt. Die absolute Geltung, welche man in neuerer Zeit für naturwissenschaftliche und philosophische Forschungen in Anspruch nimmt, ist eine unerträgliche tyrannische Anmaßung, durch welche übermüthige Gelehrte die Freiheit der Wahrheit unterdrücken wollen, um ihre eigene Auffassung der Religion, der Sittlichkeit u. s. w. zur allein berechtigten zu machen. So sucht sich die Willkür über die Wahrheit zu erheben. Das gleicht ganz unserer jetzigen politischen Lage, in welcher die Gesetze ganz nach der Ansicht der zufällig herrschenden Kammermajoritäten bestimmt werden. Wenn solche Gesetze die ewigen Principien der kirchlichen Wahrheiten betreffen, so weist die Kirche dieselben zurück, ganz aus denselben Gründen, aus welchen sie auch die sogenannten Resultate der Wissenschaft zurückweist, wenn dieselben an den Fundamenten der göttlichen Offenbarungsthatsachen zu rütteln versuchen. In letzter Instanz wendet sich die Forschung doch immer wieder den Principien der Kirche zu; die Macht der Wahrheit treibt sie, selbst wider ihren Willen, sich immer wieder nach ihr zu richten.

Man hat, eben wegen dieses der menschlichen Forschung anhaftenden Triebes, aus dem Irrthum stets zur Wahrheit zurückzukehren und sich mit den kirchlichen Dogmen zu versöhnen, die Ansicht ausgesprochen, es sei besser, wenn die Kirche die Wissenschaft vollkommen gewähren lasse und auch ihre unzweifelhaftesten Irrthümer gegen die Offenbarungswahrheiten nicht verdamme.

Diese Ansicht ist jedoch, und zwar aus doppeltem Grunde, verwerflich. Denn erstens übersieht sie ganz, daß die Wahrheit für das Leben und für das Seelenheil von weit höherer Bedeutung ist als für die Wissenschaft, und daß sie darum in ihrer unangreifbaren Autorität, auch abgesehen von der Wissenschaft, schon um des menschlichen Seelenheiles willen festgehalten werden müsse. Würde man nun aber der Wissenschaft ein Abirren von der Wahrheit erlauben, wie könnte diese dann noch für das Leben verbindlich sein?

Aber noch aus einem anderen Grunde folgt die Verwerflichkeit der obigen Ansicht. Denn wie soll die in Irrthum gerathene Forschung wieder zur Wahrheit zurückgeführt werden, wenn die Wahrheit sich nicht in der ihr naturgemäß zukommenden Eigenthümlichkeit, den Irrthum zurückzuweisen, offenbaren soll? Nur weil die göttliche Wahrheit die mit ihr in Widerspruch tretende Forschung als Unwahrheit von sich ausschließt, treibt sie dieselbe an, den Irrthum aufzugeben; nur weil die Wahrheit sich als solche auch der im Irrthum befindlichen Wissenschaft gegenüber geltend macht, ist es der Wissenschaft möglich, zur Wahrheit zurückzukehren. Eine Wahrheit, die sich apathisch verhalten, die sich nicht als Wahrheit erkennbar und fühlbar machen würde, könnte ja von der Wissenschaft nicht gefunden werden. Wo wäre sie denn zu suchen?

Und dann, wenn die Lüge ihrer Natur nach nothwendig die Wahrheit ausschließt, muß dann nicht auch die Wahrheit nothwendig die Lüge ausschließen? Die göttliche und lebensvolle Wahrheit der übernatürlichen Thatsachen kann aber den Irrthum und die Lüge nicht anders von sich ausschließen, als indem sie dieselbe verwirft. Die Wissenschaft widerlegt die Lüge und den Irrthum **theoretisch** durch einen wissenschaftlichen Schluß, die Kirche, als **lebendige** thatsächliche Wahrheit, widerlegt den Irrthum und die Lüge durch Ausschließung. Also auch die Natur dieser übernatürlichen Wahrheit bringt es mit sich, daß sie den Irrthum positiv verwerfen muß. Ihr ganzes Wesen reagirt positiv und wirksam gegen denselben.

Es hieße darum geradezu von der kirchlichen, geoffenbarten Wahrheit fordern, sie solle sich selbst aufgeben,

7*

wenn man ihr zumuthen wollte, sie solle den Irrthum gewähren lassen, bis er sich von selbst zurechtfinde, oder bis ihn die Wissenschaft zurechtweise. Wäre die kirchliche Lehre ein todter unwirksamer Begriff, eine bloße Theorie, so ließe sich ein solches Gewährenlassen denken, so wäre dasselbe sogar angezeigt. Denn eine Theorie trägt keine ureigene lebendige geistige Macht in sich, durch welche sie sich selbst zur Anerkennung bringen könnte; sie verhält sich so zu sagen passiv und wartet zu, bis sie anerkannt wird; ihr Leben und ihre Macht ist nur eine der Wahrheit abgeliehene. Sie ist wie ein künstliches, angezündetes Licht, dessen Strahlenkreis man sich, wenn man es mit dem Auge gefunden hat, nähern muß, um aus dem Dunkel herauszutreten. Die kirchliche Offenbarungswahrheit ist aber die Sonne, welche über uns und um uns leuchtet, und welche die Finsterniß und das Dunkel von uns verscheucht. Wer von diesem Lichte auch noch Duldung für seinen Irrthum will, muß sich vor ihm in Höhlen flüchten, muß das Auge vor ihm verschließen, muß ihm ausweichen. Duldung des Irrthums von diesem Offenbarungslichte begehren, heißt es selbst verläugnen.

Aber wird damit nicht die Freiheit der Wissenschaft, die Selbstständigkeit der Forschung aufgehoben? Keines=

wegs, wie bereits früher angedeutet wurde. Die Kirche wird sich nie in solche Fragen der Wissenschaft einmischen, welche die Offenbarung nicht berühren. Erst wenn die Naturwissenschaft oder die Philosophie in das höhere Gebiet der Offenbarung eingreifen und die Thatsachen und Principien der Offenbarung weder gebührend respectiren noch richtig auffassen, erst dann tritt die Kirche gegen die Wissenschaft auf, aber nur um ihre eigenen Rechte zu wahren, nicht um die Rechte der Wissenschaft zu verletzen. Die Herrschaft in ihren eigenen Gebieten bleibt der Naturwissenschaft auch dann noch, wenn die Kirche sie wegen ihrer Ueberschreitungen zurückgewiesen hat. Nie geht die Kirche so weit, die aus ihrem Offenbarungsgebiete zurückgewiesene Naturwissenschaft bis in deren eigenen, angeerbten Forschungskreis hinein zu verfolgen, außer insoferne, als sie auf dieselbe Acht hat, ob sie auch nicht in entfernter Weise gegen den Glauben operire.

Ja selbst dann, wenn die Kirche über Fragen der Offenbarung, welche Thatsachen betreffen, die auch in das Gebiet der Naturforschung fallen, eine Entscheidung gefällt hat, überläßt sie es der Naturwissenschaft, sich ungehindert frei und selbstständig auf wissenschaftlichem Wege über jene Thatsachen klar zu werden. Für was die

Kirche eintritt, über was sie entscheidet, das ist einzig nur der objective Bestand der Thatsache und der gegebenen Wahrheit selbst, nicht die wissenschaftliche Erklärung und Lösung derselben. Diese bleibt, wie es sich gebührt, ganz und gar der Forschung überlassen. Mehr kann ihr aber auch nicht überlassen bleiben. Die Wissenschaft darf ihre Freiheit nicht darin suchen, die Thatsachen nehmen zu dürfen, wie sie will; das wäre ja die Freiheit des Wahnsinns. Das Grundgesetz des Denkens verlangt, daß die Wissenschaft die Thatsachen nehmen muß, wie sie sind; ihre Selbstständigkeit und Freiheit beruht einzig darin, daß es ihr anheimgegeben ist, die Thatsachen zu begreifen und zu erkennen, wie sie sind.

Nicht einmal die Natur duldet es, daß die Wissenschaft mit ihren Thatsachen willkürlich verfahre und läßt dieselbe so lange nicht in deren Verständniß eindringen, als sie sich nicht bis in's Kleinste und Einzelnste an die gegebene Wirklichkeit zu halten entschlossen hat. Die Natur widersteht allerdings bloß passiv der wissenschaftlichen Willkür, aber sie ist eben ihrem ganzen Wesen nach nur eine ausgesprochene, nicht eine sich zugleich immer wieder aussprechende und wirksam offenbarende Wahrheit wie die Kirche. Die Kirche darf den Irrthum darum nicht bloß nicht dulden, sie muß denselben verwerfen.

Wenn sie aber ein solches Verwerfungsurtheil ausspricht, so hat dieß jedesmal nur die Bedeutung, daß die Forschung der Wahrheit nicht gerecht geworden und daß sie darum zu neuer Anstrengung aufgefordert sei. Es bleibt also immer wieder der Wissenschaft überlassen, ganz selbstständig den Irrthum zu verlassen und die Wahrheit frei und selbstständig aufzusuchen und **wissenschaftlich** zu begründen.

Es ist der menschlichen Vernunft zur freien Erkenntniß überlassen, ob die **Quellen**, **aus** welchen, und ob die **Organe**, **durch** welche uns die Thatsachen der Offenbarung vermittelt werden, die wahren und ächten sind oder nicht. Es ist auch ihrer freien Prüfung überlassen, ob alle einzelnen Lehren und Dogmen der Offenbarung aus diesen wahren und ächten Quellen stammen, aber sie hat nicht das Recht, nach eigenem Gutdünken für Offenbarung zu nehmen, was sie will.

Aber gerade dieß ist es, was wie eine krankhafte Sucht dem Denken seit mehr als zweihundert Jahren anklebt. Bald nach der Reformation verlor die Wissenschaft in allen Gebieten die Achtung vor der Autorität der Wahrheit. Und nicht genug damit, daß sie statt der objectiven Wahrheit die subjective Meinung geltend zu machen suchte, ging sie auch bald so weit, nach den Gedanken und Resultaten, die sie auf dem einen Gebiete der Forschung gewonnen hatte, andere davon gänzlich verschiedene Gebiete zu bemessen und zu beurtheilen. So wurde die **Geschichte** nach den Grundsätzen der **Logik** und **Metaphysik**, die **Logik** und **Metaphysik** nach den Grundsätzen der **Mathematik** bemessen, und dann wieder die **Mathematik** auf das Gebiet der **Ethik** übertragen. Vor Allem wurde es aber zu einer durch die häufige Uebung feststehenden Gewohnheit, das Gebiet der **Religionswahrheiten** nach dem Maßstabe **naturwissenschaftlicher Forschungen** zu beurtheilen.

Eine flache, niedrig und sinnlich gesinnte Zeit, welche mit der hohen, heiligen Begeisterung auch das tiefe und sinnreiche Verständniß der übernatürlichen Wahrheiten verloren hatte, suchte das himmlische Heiligthum der Religion in die Natur, ja unter dieselbe herabzuziehen, um sich desto bequemer mit ihr abfinden zu können. Wie die Natur, so sollte die Religion dem **Menschen** dienstbar sein. Sie sollte auf der einen Seite, als höhere Sittenpolizei, die rohen Gefühlsausbrüche der Volksmasse im Zaume halten. Auf der andern Seite aber sollte ihr Wesen dehnbar genug sein, um die sublimirten Gefühle der Humanisten durchaus nicht zu beengen und in ihren heidnischen Religionsvorstellungen und Sittenlehren nicht zu stören.

So tauschte man allmählig gegen die Wunder und Geheimnisse der Erlösung den flachsten Humanismus und den gemeinsten Naturalismus ein. Man wollte nichts mehr glauben, was dem gewöhnlichsten Menschensinn nicht begreiflich wäre und was sich aus den alltäglichen Erscheinungen der Natur nicht erklären ließe. Die Religion wurde zu einem Repertorium weiser und erbaulicher Sittensprüche und Sittenregeln und zu einem Gegenstande, den die Naturwissenschaft immer weiter aufzuklären, immer nüchterner zu machen strebte. Die irrthümliche Richtung ging so weit, bis alle ihre Consequenzen gezogen waren und bis die Religion und die übernatürliche Offenbarung für einen großen Theil der Menschen als etwas ganz Absurdes zu erscheinen anfingen.

Dieses Heruntersinken von jener Höhe der Glaubensbegeisterung, auf welcher das Mittelalter gestanden hatte, drückt sich sehr sprechend in einer anderen gleichzeitigen historischen Erscheinung aus. Das Mittelalter wohnte gerne auf hohen Bergen, nicht bloß weil man es sicherer, sondern auch weil man es schöner und zusagender fand, dort zu wohnen, als in der Fläche. Sehen wir ja bei den alten Bergschlössern und Bergesklöstern immer ebensosehr die Schönheit als die Sicherheit ihrer Lage in's Auge gefaßt. Die ganze Empfindungsweise der Zeit folgte dem Zug nach dem Hohen, Ungewöhnlichen, wie in der Religion nach dem Uebernatürlichen.

Im siebenzehnten und achtzehnten Jahrhundert zog man in die Ebene herab, nicht bloß deßhalb, weil man es jetzt, nach Erfindung des Schießpulvers, eben so sicher fand, in der Ebene als auf den Bergen zu wohnen, sondern weil man die Ebene für schön und für um so schöner fand, je flacher sie war. Eine recht flache, recht aus= druckslose Landschaft nannte man jetzt eine „lustige Ge= gend," und solche Gegenden wählte man sich aus für die Anlage von Lustgärten. Es widersprach der ver= flachten und bequemen Anschauungs= und Empfindungs= weise der Zeit, irgendwie Freude und Geschmack an dem zu finden, was emporragte, was sich über den gewöhn= lichen Gesichtskreis erhob. Die alltägliche Anschauung folgte ganz der Gesinnungsweise, welche die Zeit in reli= giöser Beziehung hegte.

Unsere Gegenwart ist zwischen diesen beiden eben charakterisirten Richtungen getheilt. Theils schreitet sie in der Abneigung gegen alles Uebernatürliche auf der Bahn des flachen Humanismus und gemeinen Natura=

lismus immer noch weiter und ist bereits bei dem Haß gegen alles Uebernatürliche angelangt. Sie bestrebt sich demgemäß, dasselbe mit allem menschlichen Denken und mit allen Gesetzen der Natur für unvereinbar und unverträglich zu erklären und geräth in Unwillen, wenn man solche „Resultate" des philosophischen Denkens und der Naturforschung nicht sofort billigt. Anderen Theils haben sich aber auch die Bestrebungen und Empfindungen unserer Zeit wieder jener hohen und freudigen Begeisterung für das Heiligthum der göttlichen Wahrheit zugewendet, an dem das Mittelalter so gerne Wache hielt.

Für die Männer, welche diese katholische Richtung in der Wissenschaft zu vertreten die Kraft und die Pflicht haben, ist die erste und nächste Aufgabe diese, zu zeigen, daß die Offenbarung weder mit dem menschlichen Denken, noch mit den Naturgesetzen irgendwie im Widerspruche stehe, sondern daß zwischen beiden eine Uebereinstimmung stattfinde, die vernünftiger Weise gar nicht bestritten werden kann. Diese Uebereinstimmung darf jedoch nicht so gefunden werden wollen, daß man die Fragen der Naturwissenschaft als solcher aus der Offenbarung, oder die Lehren der Offenbarung aus den Gesetzen der Natur zu entscheiden sucht. Denn auf diese Weise würde ja stets das eine Gebiet durch das andere geradezu vernichtet, seiner eigenthümlichen Art entkleidet werden.

Die Uebereinstimmung kann nur dann in rechter Weise gefunden werden, wenn die Naturwissenschaft in ihren Forschungen nicht gegen die Lehren der Offenbarung verstößt, sondern deren Bestimmungen, soweit sie an das Gebiet der Natur anstreifen, anerkennt. Denn auf diese Weise wird sie die Stellung und Lage der Natur in ihrer Berührung mit der Offenbarung am richtigsten auf= fassen, jede Gränzstreitigkeit wird unterbleiben, jedes Miß= verständniß wird wegfallen und der unnöthiger Weise so lange gehegte Groll der Naturwissenschaft wird von selbst aufhören.